Das Räuchern von Fischen

E. Rehbronn · F. Rutkowski · F. Jahn

Das Räuchern von Fischen

Ein Leitfaden für Hobbyköche und Angler, Berufsfischer und Fischzüchter

KOSMOS

Mit 47 Zeichnungen von Erwin Staub und Gerry Scot sowie 24 farbigen Abbildungen. Das Farbbild auf Seite 2 (gegenüber der Titelseite) fotografierte Dieter Schicker.

Umschlaggestaltung von eStudio Calamar, unter Verwendung einer Aufnahme von Jürgen Lorenz.

Bibliografische Information der Deutschen Nationalbibliothek
Die Deutsche Nationalbibliothek verzeichnet diese Publikation in der Deutschen Nationalbibliografie; detaillierte bibliografische Daten sind im Internet über http://dnb.ddb.de abrufbar.

Rechtliche Bestimmungen
Wer angelt, muss sich an geltendes Recht halten. An Binnengewässern und oft auch am Meer darf man nur mit Fischereischein angeln, der ab einem bestimmten Alter das Bestehen der Fischerprüfung voraussetzt. Zusätzlich braucht man in der Regel für das betreffende Gewässer eine Angelberechtigung. Schonzeiten und Mindestmaße sind einzuhalten und weitere Vorschriften zu beachten. Die rechtlichen Vorschriften unterscheiden sich regional und ändern sich von Zeit zu Zeit. Deshalb finden sich hier keine Aufstellung der geltenden Rechte und Vorschriften, sondern eine Liste von Adressen, bei denen Sie sich nach den gültigen Bestimmungen in Ihrem Angelrevier erkundigen und Informationen einholen können.

Gedruckt auf chlorfrei gebleichtem Papier

10. Auflage

ISBN 978-3-440-10896-3
Printed in The Czech Republic / Imprimé en République tchéque

Alle Angaben in diesem Buch erfolgen nach bestem Wissen und Gewissen. Sorgfalt bei der Umsetzung ist indes dennoch geboten. Der Verlag und die Autoren übernehmen keinerlei Haftung für Personen-, Sach- oder Vermögensschäden, die aus der Anwendung der vorgestellten Materialien und Methoden entstehen könnten.

Vorwort zur 9. Auflage

Nach dem Tode beider Autoren wurde mir die Neubearbeitung dieses Buches übertragen. Weil Dr. Edmud Rehbronn als Leiter der Bayerischen Landesanstalt für Fischerei jahrelang mein Vorgesetzter und Franz Rutkowski an derselben Anstalt mein engster Mitarbeiter war, ist es für mich eine gern übernommene Verpflichtung, das Werk im Gedenken an die beiden Verfasser und in ihrem Sinne weiterzubetreuen.

Das Räuchern nimmt auch auf dem Binnenfischereisektor ständig zu. So wird heute nicht mehr wie früher nur in den Seen- und Flußfischereibetrieben, sondern auch in den Fischzuchten und von Angelfischern geräuchert. Außerdem gibt es viele Einzelinteressenten, die zwar mit Fischen und Fischerei kaum etwas zu tun haben, die aber gern selbst in Haus, Garten und beim Camping Fische lecker räuchern möchten.

In den Forellenbetrieben wird oft mehr als die Hälfte der gesamten Erzeugung geräuchert verkauft. Der Süßwasserfisch, speziell die Forelle, ist neben den traditionellen Räuchererzeugnissen der Meeresfischerei zu einem festen Begriff und Bestandteil jedes Fischgeschäftes oder der Fischabteilungen der Einkaufszentren geworden. Räucherfisch ist so immer mehr zu einer Delikatesse geworden, die sich dem beruflich beanspruchten Menschen ohne größeren Aufwand für eine schnell arrangierte Mahlzeit anbietet.

Durch den großen Aufschwung und stetig anhaltenden Zustrom zur Angelfischerei macht sich bei diesem Personenkreis ohnehin verstärkt der Wunsch nach einer wohlschmeckenden und länger konservierenden Zubereitung der gefangenen Fische bemerkbar.

Das Praxisbuch „Das Räuchern von Fischen" hat sich, wie die Nachfrage beweist, als Klassiker auf dem Gebiet der Räucherfisch-Produktion etabliert.

Die 9. Auflage wurde auf den neuesten Stand gebracht, damit sie für die große Öffentlichkeit, für Freizeit- und Berufsfischer, Fischzüchter, Gastwirte und Gastgeber als Leitfaden und Ratgeber bei der Herstellung einwandfreier Räucherware Hilfestellung geben kann.

Ich werde auch in Zukunft bemüht sein, dieses Buch unter der Betreuung des Stuttgarter Kosmos Verlages so zu bearbeiten, dass es bleibt, was es ist: Der bewährte Ratgeber für alle Räucherfreunde!

Friedrich Jahn

Inhalt

Einführung

Das Interesse der Allgemeinheit am Fischgenuss nimmt ständig zu. Das Angebot von Fischfleisch in Form von Frischfisch beim Fischer und auf den Märkten sowie von Fischwaren der Fischindustrie in den Fachgeschäften kann indes der wachsenden Nachfrage leicht nachkommen. Die Fischereierträge der Welt haben sich in diesem Jahrhundert von 4 auf über 60 Millionen Tonnen erhöht. Sie können künftig weiter gesteigert werden. In den letzten Jahren sind gebietsweise jedoch Anzeichen einer Überfischung deutlich geworden, was sogar zu Fangverboten geführt hat, und die Erweiterung der Hoheitsgrenzen wirkt sich auf einzelne Staaten nachteilig aus. Die Erträge aus der Binnenfischerei sind an dieser Zunahme beteiligt und haben prozentual gerechnet stärker zugenommen. Die Zuwachsraten der gesamten Fischerei liegen erheblich über denen der landwirtschaftlichen Erzeugung, doch ist der Anteil der Fischerei an der Bereitstellung von tierischem Eiweiß geringer, nämlich etwa 15–20 %.

Die Fangergebnisse der enorm wachsenden Zahl von Anglern (in der Bundesrepublik bereits 1,5 Mio.) sind in den Zahlen noch nicht berücksichtigt. Freizeitfischer nutzen fast alle Gewässer zusätzlich und die Kleinstgewässer, die meist sehr fruchtbar sind, ausschließlich für sich selbst. Angler erfüllen darüber hinaus in bestimmten Binnengewässern eine wichtige Aufgabe auf dem Gebiet der Landeskulturmaßnahmen, z. B. bei der Rekultivierung von Kiesgruben zu ertragreichen Baggerseen.

Der Verbraucher hat den Fisch in seiner ernährungsphysiologischen Bedeutung als besonders wertvollen Eiweißträger erkannt. Der Fisch ist leicht verdaulich, denn er enthält nur sehr wenig unverdauliches Kollagen, dagegen biologisch sehr hochwertiges Eiweiß. Dies besitzt fast alle für die menschliche Ernährung notwendigen Aminosäuren. Im Vergleich zum Warmblüterfleisch fehlt dem Fischfleisch jedes schwerverdauliche Bindegewebe. Der Mensch benötigt pro Tag und kg seines Körpergewichtes etwa 1 g Eiweiß. Das Fischeiweiß hat kaum Verlustprozente bei der Umwandlung im menschlichen Körper. 100 g Forelleneiweiß können vom Körper in bis zu 94 g menschliches Eiweiß umgebaut werden. Das Fischeiweiß ist besonders reich an Enzymen, Stoffen, die vom Organismus selbst gebildet werden, verdauungsfördernd wie abbbaubeschleunigend wirken und so leichte Verdaulichkeit herbeiführen.

Fischeiweiß liefert 20 % Enzymeiweiß, das ist das Zehnfache von dem, was bei Warmblütern nachzuweisen ist. Wie bekannt, muss der Fisch als wechselwarmes Tier bei niedrigen Temperaturen verdauen. Das erklärt den hohen Gehalt an Enzymen.

Der Fettgehalt der meisten Fischarten ist gering. Von 100 g Fischfleisch sind bei der Forelle 2,5 g Fett und 21 g Eiweiß, im Hecht nur 0,5 g Fett und 17 g Eiweiß, im Karpfen 9 g Fett und 17 g Eiweiß und im Aal 26 g Fett und 16 g Eiweiß enthalten. Ein ausgesprochener Fettfisch ist demnach der Aal. Es muss dabei berücksichtigt werden, dass das Fett von Fischen, auch das vom Aal, viel leichter bekömmlich ist als das Fett von Warmblütern, da der Gehalt an ungesättigten Fettsäuren aus

Abb. 1 Von oben nach unten: Seesaibling (*Salvelinus alpinus*), Bachsaibling (*Savelinus fontinalis*) und Regenbogenforelle (*Oncorhynchus mykiss*). Foto: K.-H. Zeitler

ernährungsphysiologischer Sicht beim Fisch vorteilhafter ist. Diese Erkenntnis hat dem Fisch nicht nur als Normalkost, sondern als Diät- und Schonkost bei zu hohem Blutdruck, Arteriosklerose, Diabetes und Fettsucht bevorzugte Beachtung verschafft.

Mit zunehmendem Verbraucherinteresse steigen die Ansprüche an die Qualität. Es werden unterschiedliche Zubereitungen verlangt, speziell bei den bevorzugten Fischarten.

Eine Form der Geschmacksverbesserung und zugleich eine Maßnahme, die die Haltbarkeit der Fische verlängert, ist das Räuchern. Diese Behandlung des Fischfleisches geht in der Seefischerei bis ins Mittelalter zurück und gewinnt in letzter Zeit in der Süßwasserfischerei immer größere Bedeutung.

Räucherfische werden in der Fischindustrie der Bundesrepublik in großem Umfang hergestellt. Hier nimmt der Rauchfisch heute unter den Fischwaren – das sind verarbeitete Fische im Gegensatz zum Frischfisch – die dritte Stelle nach Marinaden und Fischdauerwaren ein. Es mag weiter das Ausmaß dieses Verbrauches kennzeichnen, dass der geräucherte Seefisch heute mengenmäßig vor der Herstellung von Salzheringen steht. Die Heringsfänge sind so stark zurückgegangen, dass die Industrie lieber die wertvolle Räucherware daraus herstellt.

Zwar können in der Binnenfischerei die Mengen an geräucherten Fischen keinem Vergleich zur Fischindustrie standhalten, dennoch ist eine erhebliche Steigerung bei der Herstellung von Räucherwaren aus Süßwassserfischen festzustellen. Das Selbsträuchern von Fischen hat enorm zugenommen. Es sind in erster Linie Angelfischer, die ihre selbstgeangelten Fische gern räuchern. Außerdem verfügt heute fast jeder Forellenhof über eine Räucheranlage, ebenso wie die meisten Seen- und Flussfischerbetriebe. Es gibt Forellenzuchten, die ihre gesamte Produktion von Regenbogenforellen geräuchert vermarkten. Die Seenfischer an den norddeutschen, oberbayerischen und schwäbischen Seen und am Bodensee räuchern einen Großteil ihrer gefangenen Renken, Maränen oder Felchen. Sie sind zum Teil dazu übergegangen, sogar den Brachsen zu räuchern. Zahlreiche Berufsfischer räuchern ihre gefangenen Aale und weitere Flussfischarten. Die Selbstvermarktung nimmt in der Berufsfischerei immer mehr zu. Ein fester Kundenkreis ist dankbarer Abnehmer der „Fische, frisch aus dem Rauch". Vor allem in Familien, in denen beide Ehepartner berufstätig sind, stellt der Räucherfisch eine Alternative ohne großen Zubereitungsaufwand dar.

In Gaststätten und Hotels steht oftmals der Räucherfisch oder das Räucherfilet auf der Speisekarte. In Feinschmeckerrestaurants werden Forellen auf Bestellung des Gastes sogar extra geräuchert.

Der anlaufende Zusammenschluss von Berufsfischern und Züchtern zu Vermarktungsgenossenschaften hat schon Früchte getragen. So errichtete z. B. die Tevo in der bayerischen Oberpfalz eine Großräucheranlage für Süßwasserfische. Nach dem Marktstrukturgesetz in der Fassung vom 26.09.1990 (BGBl. I Seite 2134), gültig auf Bundesebene, werden auf dem Gebiet der Fischzucht, der Seen- und Flussfischerei wie in der Landwirtschaft diese Vermarktungsgenossenschaften von der öffentlichen Hand ausdrücklich gefördert.

Der Fachausschuss „Fische und Fischerzeugnisse" der Deutschen Lebensmittelbuch-Kommission beim Bundesministerium für Gesundheit, die nach Artikel 7 des Gesetzes zur Änderung und Ergänzung des Lebensmittelgesetzes vom 21.12.1958 (Bundesgesetzblatt 1 S. 950) in der Bundesrepublik Deutschland aus Vertretern der Gruppen Lebensmittelüberwachung und -wirtschaft, Wissenschaft und Verbraucherschaft gebildet worden ist – jetzt gemäß §§ 33 und 34 des „Gesetzes über den Verkehr mit Lebensmitteln, Tabakerzeugnissen, kosmetischen Mitteln und sonstigen Bedarfsgegenständen (Lebensmittel- und Bedarfsgegenstände-Gesetz – LMBG)" vom 15.8.1974 (i.d.F. vom 9.09.1997, BGBl. I Seite 2296) –, hat mehrere Leitsätze auf dem Gebiet der Fischerei aufgestellt:

1. „Leitsätze für Fische, Krebs- und Weichtiere und Erzeugnisse daraus".
2. „Leitsätze für tiefgefrorene Fische und Fischerzeugnisse". Daneben bestehen noch besondere
3. „Leitsätze für tiefgefrorene Lebensmittel".

Damit wurden im Rahmen von Beurteilungsmerkmalen Begriffsbestimmungen, Herstellungsweisen, Bezeichnungen und Beschaffenheitsmerkmale geschaffen. Dafür einige Beispiele:

1. Räucherfische sind Erzeugnisse aus verschiedenen vorbereiteten Frischfischen, tiefgefrorenen Fischen oder Fischteilen, gefrorenen, gesalzenen oder zur Geschmacksgebung vorgesalzenen Fischen oder Fischteilen, die durch Behandeln mit frisch entwickeltem Rauch hergestellt werden.
2. Gesalzene Fische und Fischteile sind Erzeugnisse, die durch Salzen von Frischfischen, tiefgefrorenen oder gefrorenen Fi-

schen und Fischteilen gar und/oder zeitlich begrenzt haltbar gemacht worden sind.

3. Tiefgefrorene Fische sind Fische (Süßwasserfische oder Seefische) und Fischteile im Sinne der Leitsätze für Fische, Krebs- und Weichtiere und Erzeugnisse daraus, die tiefgefroren sind. Sie werden vor dem Tiefgefrieren nach den besonderen Beschreibungen für jedes einzelne Erzeugnis bearbeitet.
   Soweit eine entsprechende Verarbeitung erfolgt, werden die für diese Fischerzeugnisse geltenden Beurteilungsmerkmale der Leitsätze für Fische und Fischerzeugnisse beachtet. Weicht die Verarbeitung davon ab, wird dies besonders beschrieben.

Alle Leitsätze, die im Auftrage des Bundesministeriums für Gesundheit herausgegeben wurden, sind als Beilage zum Bundesanzeiger veröffentlicht worden und können bei der Bundesanzeiger-Verlagsges. m.b.H., Amsterdamer Str. 192, 50735 Köln, zum Preis von 42,– DM erworben werden.

Es ist verständlich, wenn in diesen Leitsätzen die Fischerzeugnisse aus der Meeresfischerei stark im Vordergrund stehen, da, wie erwähnt, die industrielle Verwertung von Meeresfischen wirtschaftlich ausschlaggebend ist und die Verwertung von Süßwasserfischen mehr in der Hand vom Kleingewerbe liegt. Bisher gibt es, von Artikeln in Fachzeitschriften und Sonderheften abgesehen, keine zusammenfassende Darstellung der verschiedenen Räucherverfahren für Süßwasserfischarten. In den nachstehenden Ausführungen soll zugleich versucht werden, die erwähnten Leitsätze für das Räuchern der Süßwasserfische, was Zubereitung, Beschaffenheitsmerkmale und Bewertungskriterien betrifft, zu ergänzen.

Vorrangig möchte dieser Ratgeber, der innerhalb von fünfundzwanzig Jahren nun schon in neunter, überarbeiteter Auflage erscheint, eine möglichst umfassende Übersicht über sämtliche Einzelheiten und Einzelaufgaben geben, die beim Räuchern, seien es Süßwasser- oder Meeresfische, zu berücksichtigen sind. Wir versuchen, alle Arbeitsvorgänge, Gesichtspunkte und Auswirkungen darzulegen. Die Aktualisierung der gesetzlichen Bestimmungen übernahmen dankenswerterweise Gerd und Gisela Engel, Lebensmittelkontrolleure am Staatlichen Amt für Lebensmittelüberwachung, Tierschutz und Veterinärwesen in Groß Gerau und Darmstadt. Damit wird der Leser in die Lage versetzt, im Sinne der Lebensmittelhygiene zu verfahren, Fehler oder Verstöße zu vermeiden und Freude an der eigenen Räucherei als Maßnahme zur Veredelung seiner Fische zu gewinnen. Er erzeugt eine einwandfreie bestschmeckende Ware und ist vor Beanstandungen sicher.

Fischereibetriebe werden durch Einhaltung der gesetzlichen Bestimmungen wettbewerbsfähiger.

Zum Räuchern geeignete Fischarten

Das Räuchern von Fischen ist, historisch gesehen, von jeher in den Fischerorten und Fischereihäfen der Küste zu Hause und wird heute in Großanlagen der Fischindustrie betrieben. Das wirtschaftliche Schwergewicht der Räucherei liegt noch heute an der Küste. Das Meer liefert für die menschliche Ernährung bisher mehr als 40 Fischarten, von denen eine große Anzahl auch geräuchert angeboten wird. So kommen aus den Räuchereien der Küste u. a. die bekannten Bücklinge und Sprotten sowie die Rauchaale als besondere Delikatesse.

Der Hering stand bisher an der Spitze der Anlandungen von Meeresfischen, wenn die großen Importe hinzugerechnet werden. Den geräucherten Hering bezeichnet man als Bückling. Diese Bezeichnung führt der volle, nicht ausgenommene Hering mit Kopf.

Der Schleibückling ist ein zartfleischiger, mildgesalzener Ostseehering, der aus der Gegend der Einmündung der Schlei in die Ostsee stammt. Der Delikatessbückling entsteht dagegen aus dem ausgenommenen Hering. Sein Geschmack ist feiner. Er wird ohne Kopf verarbeitet.

Ebenso bekannt sind die Sprotten. Sie werden zum Räuchern nicht ausgenommen. Diese besonders kleine Fischart ist heringsähnlich. Sprotten werden oft zusammen mit Kleinheringen gefangen, aber wegen ihres guten Geschmacks zur weiteren Verarbeitung aussortiert. Eine besondere Delikatesse sind die Kieler Sprotten aus der Kieler Bucht. Sie werden nur dort verarbeitet. Die Sprottensaison läuft von November bis März.

Die qualitativ geringer bewerteten Kleinheringe werden ebenfalls nach Sprottenart geräuchert und laufen unter dem schmeichelhaften Namen „Sprottbückling".

Hering und Sprotte unterscheiden sich auf den ersten Blick durch ihre Größe, in der Anordnung ihrer Flossen und an der „Bauchkante". Die Basis des Bauchflossenpaares des Herings liegt hinter dem Vorderende der Rückenflosse, bei der Sprotte dagegen vor der Rückenflosse, und der Bauch der Sprotte ist zwischen Bauch- und Afterflosse scharf gekielt.

An diesen Merkmalen lassen sich echte Sprotten von den ebenso kleinen „Sprottbücklingen" unterscheiden, die ja Heringe sind. Sprotten werden im Ganzen geräuchert, wäh-

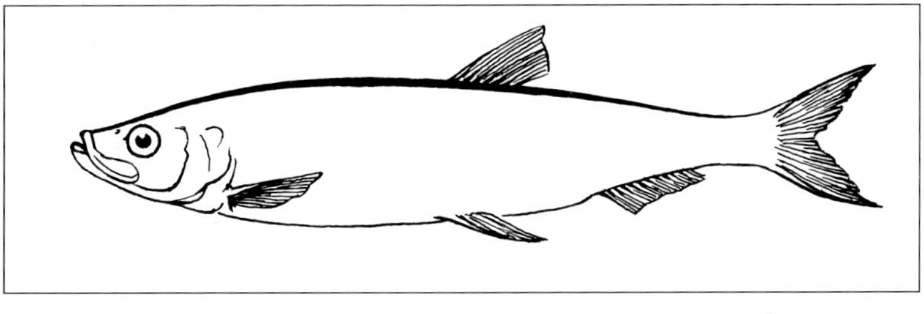

Abb. 2 Hering (*Clupea harengus*)

rend Heringe sowohl in Teilen (kaltgeräuchert: vom Rücken her in zwei bauchseitig zusammenhängende Hälften gespalten) als auch im ganzen Stück (heißgeräuchert) zu Bücklingen verarbeitet werden können.

Die eigenen Anlandungen von Heringen in der Bundesrepublik werden in der letzten Zeit mengenmäßig von zwei Rundfischarten, dem Kabeljau und dem Rotbarsch, übertroffen. Erstere Art erreicht mit ihrer atlantischen Form ein mittleres Gewicht von 10 bis 20 kg, in der Nordsee 5 bis 7 kg und wird daher nicht im Ganzen, sondern in Stücken geräuchert. Der Kabeljau ist der wirtschaftlich wichtigste Vertreter einer zahlreiche Arten umfassenden Ordnung, der „dorschartigen" Fische, und ist daher auch unter dem zweiten Namen Dorsch bekannt. So wird seine Ostseeform oftmals allgemein die Jugendform genannt. Er ist als Raubfisch ein typischer Magerfisch. Fett und Vitamine sind in seiner Leber gespeichert. Er ist gleich an seiner auffallenden weißen Seitenlinie zu erkennen. Der Ostseedorsch bleibt kleiner und kann mitunter im ganzen geräuchert werden. Das trifft ebenfalls für nahverwandte Arten der Kabeljaue wie z. B. für Schellfisch und Wittling zu, wenn sie nicht schwerer als 400 g sind. Alle Dorscharten zeichnen sich durch drei größere, nacheinander angeordnete Rückenflossen aus. Das Bauchflossenpaar steht kehlständig vor dem Brustflossenpaar. Der größer werdende Schellfisch, der eine deutliche schwarze Seitenlinie aufweist, hat als Bodentierfresser ein nicht so trockenes, mehr weiches Fleisch. Recht geschätzt ist ferner der Seelachs (*Pollachius virens*), auch Köhler genannt, der kein Lachs, sondern eine besondere Dorschfischart ist.

Die großen Exemplare aller dorschartigen Fische werden in Stücken geräuchert und kommen unter dem Sammelbegriff „geräucherter Stückenfisch" in den Handel. Andere, ausgesprochen große Meeresfischarten wie Katfisch und Thunfisch räuchert man ebenfalls in Stücken.

Mengenmäßig hat am Seefischmarkt der Rotbarsch den Kabeljau fast erreicht. Es ist ein fetter, vitaminreicher Fisch aus dem Atlantik, von den Lofoten, Island und von der MurmanskKüste, der geräuchert in Stücken oder filetiert sehr geschätzt wird.

Recht wohlklingende Handelsbezeichnungen weisen geräucherte Teile von Fischarten auf, deren Artnamen Abneigung des Käufers hervorrufen könnten. Es ist verständlich, wenn man durch Umbenennung eine Abneigung, die nur beim Menschenhai berechtigt wäre, vermeiden will. So laufen unter der Bezeichnung „Seeaal" Rückenteile des enthäuteten Dornhais, unter „Schillerlocken" in Streifen geschnittene Bauchlappen des Dornhais, un-

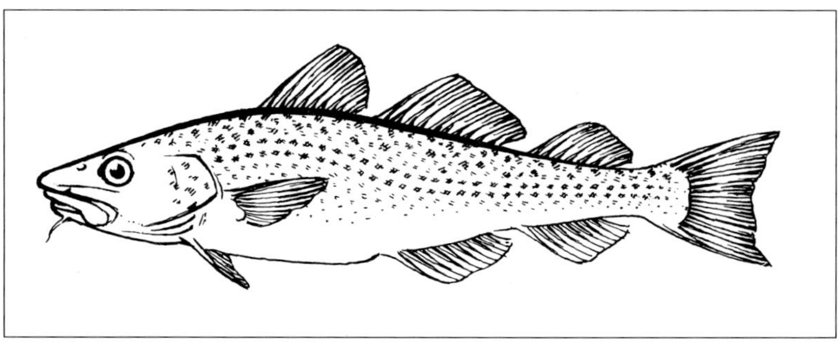

Abb. 3 Dorsch, Kabeljau (*Gadus morhua*)

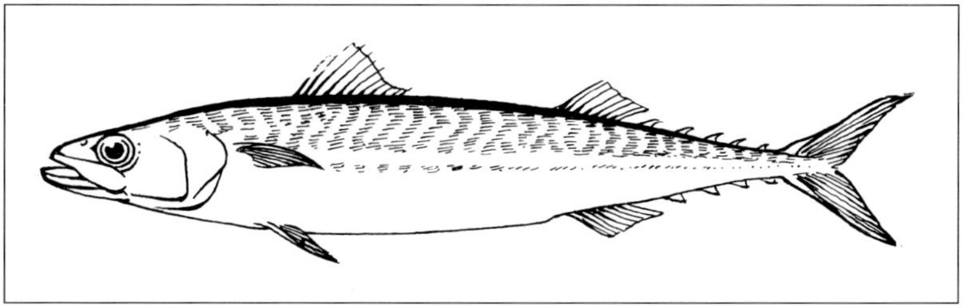

Abb. 4 Makrele (*Scomber scombrus*)

ter „Kalbfisch" Scheiben des Herings- und des Hundshais (den Anglern wohlbekannt), unter „Speckfisch" die knorpelfreien Stücke des Grauhais.

Die artenreiche Makrelenfamilie lebt in wärmeren Gebieten und kommt nur mit zwei Arten an den europäischen Küsten vor. Die eine Art – für uns die gewöhnliche Makrele – lebt in der Nordsee als wandernder Schwarmfisch und vom Sommer bis Herbst in Küstennähe. Sie ist nach ihrer Form, Flossenbildung und Färbung leicht zu erkennen: Voll und doch schlank wirkend durch eine schmale Schwanzwurzel mit hoher Schwanzflosse, trägt sie auf dem Rücken hinter der zweiten Rückenflosse und auf der entsprechenden Unterseite nach der Afterflosse je fünf kleine, kurze Flossen als markantes einzigartiges Merkmal. Hinter dem After befindet sich vor der Afterflosse ein harter, spitzer Stachel, den man beachten sollte, will man sich nicht verletzen. Sieht man diesen Fisch nach dem Fang auf dem Markt, so fällt die senkrecht gestreifte, dunkelblaue Rückenzeichnung auf silberweißem Grund auf, die jedoch nicht die natürliche Färbung des Fisches wiedergibt. Im Gewässer und unmittelbar nach dem Fang ist der Rücken der Makrele leuchtend grün mit nur leicht dunklen Streifen. Die Bauchseite ist perlmuttfarben. Die Makrele kann maximal bis 50 cm lang und bis 1,5 kg schwer werden. Sie ernährt sich von tierischem Plankton, nach der Laichzeit von Kleinfischen und ist oft dicht unter der Wasseroberfläche bei rasanter Jagd anzutreffen. Kein Wunder, wenn solch ein Fisch den Sportangler reizt, zumal er einen für seine Größe harten Kampf am Haken liefert. Das Fleisch ist fetthaltig und geräuchert eine besondere Delikatesse.

Die Makrele kommt auch in der westlichen Ostsee im Sommer und je nach den windabhängigen Wasserströmungen zwischen Nord- und Ostsee in Schwärmen vor und ist hier ebenfalls ein gern gesuchter Sportfisch auf den Gemeinschaftsfahrten. Sie laicht in den Monaten Mai bis Juni an verschiedenen Plätzen der Nordsee, im Skagerrak und Kattegatt nahe der Wasseroberfläche. Ab September verlässt sie im Allgemeinen die Küstengewässer und hält sich im Winter in größeren Tiefen der Nordsee über dem Boden auf.

Die zweite Art ist eine Mittelmeerform, die im Gegensatz zu unserer Makrele eine Schwimmblase hat, kleiner bleibt und eine geringere Anzahl von Rückenflossenstrahlen aufweist.

Unsere erstgenannte Makrele ist zugleich ein wichtiger Nutzfisch. Die Berufsfischer fangen sie mit Treibnetzen, Ringwaaden und Bundgarnen. Damit ist die Makrele ebenfalls eine wichtige Art für die Fischindustrie, nicht nur für Konservenherstellung, auch für Großräucheranlagen. Sie wird meist vom Rücken her aufgeklappt, ausgenommen und an der

Abb. 5 Butt und Aalmutter, eine deftige Abendmahlzeit. Foto: J. Lorenz

Bauchseite zusammenhängend in einem Stück geräuchert.

Die Plattfischarten, deren Sammelname ihre stark abgeplattete Körperform in Seitenlage anzeigt, sind an der Küste und in den Fischereihäfen sehr geschätzt und erfreuen sich im Binnenland, frisch oder in gefrorenem Zustand angeliefert, zunehmender Beliebtheit, da sie wohlschmeckend sind und keine Gräten haben, wenn man von den Knochen der Wirbelsäule, den wenigen Rippen und den in zwei Reihen liegenden Flossenstrahlenträgern absieht. Mehrere Arten von ihnen werden je nach Größe ganz oder in Stücken geräuchert. In diesem verfeinerten Zustand ist die Flunder geradezu ein Qualitätsbegriff, und die geräucherten Stücke der größten Plattfischart, des Heilbuttes, werden wegen ihres besonderen Wohlgeschmacks gleichermaßen geschätzt.

Der Heilbutt kommt von Grönland bis zur Biskaya vor, kann bis 2 m und länger und bis 40 Jahre alt werden. Er ist Fischfresser und Vertilger größerer Bodentiere. Wegen seiner Größe muss er in Teilstücken, Scheiben, geräuchert werden. Außerdem war und ist er ein wichtiger Wirtschaftsfisch. Leider sind seine Weidegründe in der Ostsee zu stark befischt worden, soweit sie in geringeren Tiefen lagen. Er laicht im Winter (Dezember bis April). Sein Fleisch ist in den letzten Monaten des Kalenderjahres besonders schmackhaft.

Die Flunder ist wohl die Plattfischart, die meist geräuchert verzehrt wird. Dieser typisch ostatlantische Fisch, der vom Weißen Meer bis zum Schwarzen Meer vorkommt, ist nicht zu stark vom Salzgehalt des Wassers abhängig. Sie wandert aus der Ostsee ins Brackwasser und in die Flussmündung mit bereits reinem Süßwasser ein. Sie ist mit der Scholle nahe verwandt, die ein ähnliches Verbreitungsgebiet hat, von der Barentssee und Island im Norden bis zur Biskaya mit Schwerpunkt in der Nordsee, jedoch auch bis in die Ostsee mit Ausnahme der Meerbusen.

Der Konsument wertet diese beiden Arten nicht immer unterschiedlich. Der Scholle wird ein feineres, weiches Fleisch, der Flunder ein festes, kräftiges Muskelfleisch nachgesagt. Die Scholle wird ebenfalls geräuchert.

Es dürfte daher von Interesse sein, beide Fischarten unterscheiden zu können, zumal beide im ganzen geräuchert auf dem Markt angeboten werden. Die Flunder besitzt eine raue Haut mit kleinen dornigen Hautwarzen, die besonders in der Seitenlinie und am Grunde der beiden langen Flossen (Rücken- und Afterflosse) eine dichte Reihe bilden. Die Scholle hat dagegen glatte Haut mit kleinen Schuppen und nur zwischen den Augen und am Kopf eine kurze Reihe kleiner Höcker. Schon mit einem Blick kann man Rauheit oder Glätte der Haut leicht erkennen, erst recht, wenn man mit dem Finger über die Körperoberfläche fährt. Die Scholle hat ausgeprägte rote, punktartige Gebilde auf der oberen Seite und auf den Flossen. Bei der Flunder sind sie nur in geringer Anzahl auf der Körperhaut recht verschwommen zu finden und auf den Flossen gar nicht.

Eine dritte, nahe verwandte Art ist die Kliesche mit ähnlichem Vorkommen, ebenfalls rau. Markant ist die Führung ihrer Seitenlinie, die einen halbkreisförmigen Bogen über der der Seitenlinie nächstliegenden Brustflosse macht. Sie steht im Preis ein wenig hinter Scholle und Flunder zurück.

Der Steinbutt wird mitunter ebenfalls geräuchert.

Allgemein schätzt man das Fleisch einer weiteren Plattfischart geschmacklich am höchs-

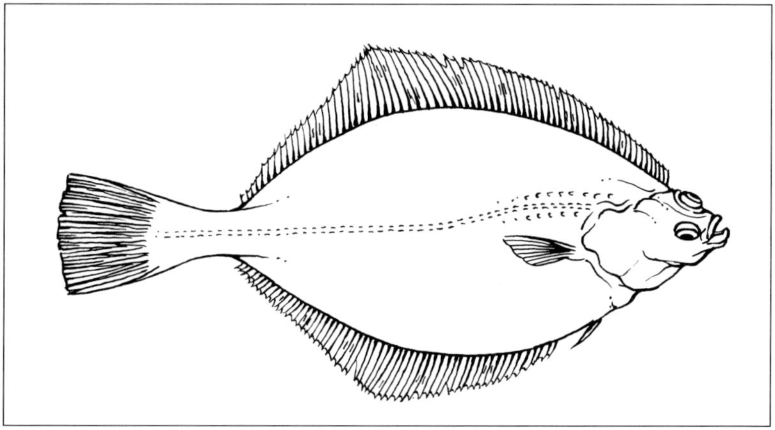

Abb. 6 Flunder (Butt)
(Platichthys flesus)

ten: das der Seezunge. Sie gilt als der wohlschmeckendste Fisch unter den Plattfischen, ja vielerorts sogar unter allen Meeresfischen. Das geräucherte Filet dieser Fischart ist zweifellos eine Delikatesse.

Man erkennt die Seezunge an dem kaum vorgezogenen, nicht zugespitzten, sondern abgerundeten Kopf und der nach vorn lang vorgezogenen Rückenflosse, die bis vor die Augen reicht.

Als erstklassiger Fein- und Edelfisch gilt, wie bekannt, der Lachs, der längsgespalten als Räucherlachs eine Besonderheit darstellt. Er wächst im Salzwasser sehr schnell, zieht zum Laichen ins Süßwasser, steigt in Flüsse und Bäche auf, ohne hier Nahrung zu sich zu nehmen, und wird durch Stromregulierung, Wehre und Abwässer in seiner Fortpflanzung noch immer stark behindert. Er kommt trotz der angelaufenen Lachsprojekte in Deutschland praktisch nicht vor. Die heute auf dem Markt angebotenen Lachse sind zum überwiegenden Teil Zuchtlachse aus Norwegen oder Schottland.

Einen ähnlichen Lebenszyklus hat die Meerforelle, eine Forellenart, die, wie der Name sagt, im Meer, im Salzwasser, aufwächst. Beide Arten werden wegen ihrer Ähnlichkeit oft miteinander verwechselt. Sie sind als Angelfische hoch begehrt, besonders während ihres Aufenthalts in den Flüssen, und Angler scheuen weite Reisen nicht, um darauf zu fischen. In Nord- und Ostsee gibt es im Bereich der Bundesrepublik wieder kleinere Bestände an Meerforellen.

Die Körperform des Lachses ist schlanker, besonders der Schwanzstiel. Die Schwanzflosse ist beim Lachs an ihrem Ende ein wenig eingebuchtet, nicht dagegen bei der Meerforelle. Hier ist sie wie senkrecht abgeschnitten, also gerade endend. Das Maul des Lachses zeigt sich bis hinter das Auge gespalten, bei der Meerforelle nur bis unter das Auge. Die Seiten des Lachses zeigen nur wenige schwarze, X-förmige Punkte, die der Meerforelle dagegen zahlreiche, auch unterhalb der Seitenlinie und auf der Schwanz- und Fettflosse. Beide Arten haben, wie alle forellenartigen Fische, die zusätzliche kleine Fettflosse, eine Hautfalte hinter der Rückenflosse. Lachsmännchen tragen zur Laichzeit ein prächtig gefärbtes Hochzeitskleid. Der Rücken ist stahlblau, die Seiten sind rötlich gefärbt mit deutlichen blauen Flecken, und der Bauch zeigt Schwarz und Rot mit vielen Übergängen. Bei beiden Fischarten sind die älteren Männchen besonders durch ihren hakenartig nach oben vorgezogenen Unterkiefer gekennzeichnet, der als „Lachshaken“ bezeichnet wird.

Mit diesen hier aufgeführten Fischarten sind ohne einen Anspruch auf Vollständigkeit die wichtigsten Meeresfische erwähnt, die von der Fischindustrie unter ihren Erzeugnissen auch in geräuchertem Zustand angeboten werden

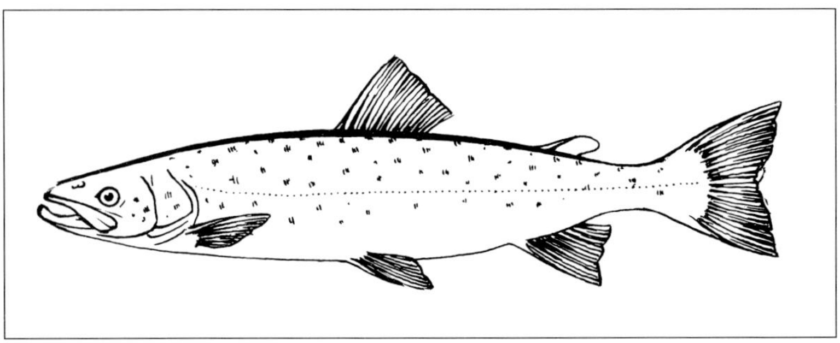

Abb. 7 Lachs (*Salmo salar*)

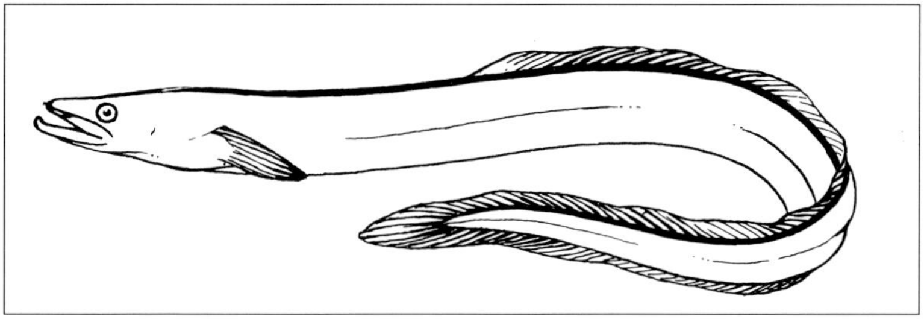

Abb. 8 Flußaal
(*Anguilla anguilla*)

und die den Hobby-Räucherer gleichermaßen interessieren. Der Konsument hat damit einen ungefähren Überblick erhalten, was ihm aus dem Meer angeboten wird. Die Großräucheranlagen, wie sie in den Küstengebieten bestehen, sollen hier nicht Gegenstand der Betrachtung sein. Wir befassen uns mit den kleinen Räuchergeräten und Räucherkammern, um in erster Linie die Fischer aus der Binnenfischerei und unsere Angler im Binnenlande und an der See in die Lage zu versetzen, selbst zu räuchern und damit noch zusätzlich zum Räuchern von Süßwasserfischen anzuregen.

Welche Binnenfische eignen sich nun zum Räuchern? Bei diesem Übergang ist zuerst der Aal zu nennen, der, wie die genannten Meeresfische, in Großanlagen an den Küsten geräuchert wird, zumal hier die starken Aale bei ihrer Laichwanderung ins Meer gefangen werden. Die heimischen Fangmengen reichen jedoch nicht aus. Deshalb werden an der Küste außerdem viele importierte Aale geräuchert.

Wissenschaftlich rechnet man unseren Aal, genauer Flussaal, zu den Süßwasserfischen. Seine interessante Lebensweise wird häufig in den Massenmedien behandelt und darf wohl als bekannt vorausgesetzt werden.

Seine gewaltige Energieleistung während der langen Wanderung zum Laichplatz im Sargassomeer im Westen des Nordatlantiks südlich der Bermudas, ohne jede Nahrungsaufnahme bei gleichzeitiger Ausbildung der Gonaden, versetzt uns immer wieder in Erstaunen. Sie wäre ohne die beachtliche Reserve an Fett nicht möglich.

Die längste Zeit seines Lebens verbringt der Aal im Süßwasser. Sein Lebensablauf weist hier eine Reihe von Besonderheiten auf, die bei dem Räuchervorgang nicht übersehen werden sollten.

Nach Ehrenbaum wachsen weibliche Aale vom vierten Lebensjahr im Süßwasser (die drei Larvenjahre der Anwanderung im Meer werden im Allgemeinen nicht gerechnet) schneller als die Männchen und haben in folgenden Altersgruppen ein höheres Gewicht. Größere Aale sind mit Sicherheit weiblichen Geschlechtes.

Ferner ist das Wachstum in der gleichen Altersgruppe von Aalen sehr unterschiedlich. Aus Fütterungsversuchen in Warmwasserhaltungen wissen wir, dass Aale im Unterschied zu den meisten Fischarten sehr uneinheitlich abwachsen. Bei den Fängen aus natürlichen Gewässern können wir am gleichen Fangplatz dasselbe beobachten. So sind die Stückgröße und das Gewicht der Aale gleichen Alters recht unterschiedlich.

Räuchert man eine größere Anzahl von Aalen zugleich, sollte man nach Möglichkeit gleich große und gleich starke Exemplare gemeinsam im Räucherofen haben. In dieser Hinsicht hat der Räucherer aber meist einige Schwierigkeiten.

Der Aal macht im Süßwasser eine Umfärbung durch. Die längste Zeit ist er auf dem Rücken grünlich bis bräunlich, auf der Bauchseite auffallend gelb gefärbt. Diese Jahre stellen seine eigentlichen Fraßjahre dar, in denen er wächst. Er wird in dieser Zeit als Gelbaal, Fressaal oder Wohnaal bezeichnet. Kommt er anschließend in den Beginn der Entwicklungszeit seiner Geschlechtsreife, so verfärbt er sich. Der Rücken wird dunkel und metallisch glänzend, der Bauch silberfarbig und weiß. Nun wird er Blankaal (gebietsweise Silberaal) genannt, und bei dieser Färbung beginnt er abzuwandern, flussabwärts zu ziehen und in das Meer zu gehen. Sein Fleisch ist nun fester als beim Gelbaal und seine Haut dicker geworden. Das sind Veränderungen, die der Räucherer berücksichtigen muss, besonders die Tatsache der stärker und fester gewordenen Haut. Die Stärke der Haut kann bei gleicher Fischgröße, aber ungleichem Alter verschieden sein!

Was sein Fleisch betrifft, so gibt es in seiner Entwicklung im Süßwasser weitere Unterschiede. Man beobachtet Aale mit spitzem und andere mit breitem Kopf. Unterschiedliche Ernährung soll die Ursache sein. Der Breitkopf ist mehr Raubfisch, der Spitzkopf mehr Kleintierfresser. Nach Untersuchungen von Wiehr ist der Spitzkopf mit 27 % (Mittelwert) Fettanteil vom Lebendgewicht wesentlich fetter als der Breitkopf mit 12 %. Spitzkopfaale werden daher zum Räuchern bevorzugt. Nach Meyer-Waarden sind die Weibchen fetter als die Männchen. Ferner ist der Fettanteil in den einzelnen Körperteilen unterschiedlich. Im Schwanz findet sich ein höherer Fettgehalt als im Mittelteil (37,2 % im Schwanz- und 25,9 % im Mittelteil). Bei den kleineren Männchen ist die Differenz jedoch wesentlich geringer.

Die Unterschiede im Fettgehalt, in der Konsistenz des Fleisches und der Hautstärke stellen den Räucherer vor die Aufgabe eines individuellen Räucherns und erfordern erhöhte Wachsamkeit, denn gleich lange Aale können durchaus die genannten Unterschiede aufweisen und Unterschiede in der Räucherdauer notwendig machen. Sofern es sich ermöglichen lässt, sollte man deshalb nicht nur gleich große Aale miteinander räuchern, sondern die Partien in Gelb- und Blankaale aufteilen.

Ferner verändern sich die Aalpopulationen in ihrer Zusammensetzung in unseren Flüssen und Seen zu den verschiedenen Zeiten des Jahres. Von den Aalen, die in küstenferne Ströme oder Flüsse aufgestiegen oder eingesetzt sind, wandern die am weitesten flussaufwärts vorgedrungenen früher ab als aus Gewässern, die näher zur Küste liegen. Die kleineren, männlichen Aale sind die ersten, die abziehen, mitunter schon im Mai als Gelbaal ohne eine Verfärbung zum Blankaal, während die später abwandernden Weibchen, wie erwähnt, erst als Blankaal zu wandern beginnen. So unterliegt die Zusammensetzung einer Aalpopulation vom Mai an bis zum Herbst Schwankungen und Veränderungen.

Das tritt in den Gewässerstrecken auffällig in Erscheinung, in denen der abwandernde Blankaal bereits stärker massiert vorkommt, so z. B. im Unterlauf der Ströme und in der Ostsee, durch die im Herbst die Blankaale aus den Flüssen und Seen der Randstaaten zum Atlantik ziehen und die stets ein Hauptfanggebiet gewesen sind. Zuerst treten hier kleinere Aale und später die größten Exemplare auf.

Die Aalfangerträge aus den Binnengewässern haben zu keiner Zeit den Bedarf der Aalgroßräuchereien an der Küste decken können. Der Aal wird stets verlangt und hat in Deutschland einen recht guten Markt. Der größte Teil wird geräuchert. Man nennt ihn in Norddeutschland oft Spickaal.

In der Aalwirtschaft (heute mindestens ein Jahresumsatz von DM 50 Mio.) stand Deutschland vor dem Krieg in Nordeuropa an dritter Stelle. Die Bundesrepublik stand vor

Abb. 9 Geräucherte Barsche sind eine besondere Delikatesse. Foto: J. Lorenzs

der Wiedervereinigung in der Weltrangliste der aalfangenden Staaten an achter Stelle. Allein im Gebiet um Rügen und in Vorpommern wurden vor dem Krieg ca. 75 % aller deutschen Ostseeaale gefangen. Durch die Wiedervereinigung wird die Bundesrepublik deshalb in der Weltrangliste weiter nach vorne rücken. Der zusätzliche Bedarf muss auch in Zukunft aus Importen gedeckt werden. Der erlernte Beruf eines Aalräucher-Meisters ist noch heute sehr gefragt.

Produktionssteigerungen in der Binnenfischerei durch neue Aalmastbetriebe im Zuge der modernen Warmwasseraufzucht sind in den letzten Jahren laufend erfolgt, damit wir den Genuss des Rauchaales nicht eines Tages einschränken müssen. Im Augenblick gewinnt der Aal unter den Fischessern im Binnenland ständig neue Freunde, da sich die Erkenntnis durchsetzt, dass dieser Fisch für Feinschmecker ein Genuss ist. Das Vorurteil, Aale seien Aasfresser, ist längst überholt. Die Fütterung der Aale in Aalfarmen hat gezeigt, wie wählerisch gerade der Aal in der Futteraufnahme ist. Ferner hat der Konsument beim Fischkauf zu unterscheiden gelernt zwischen unseren

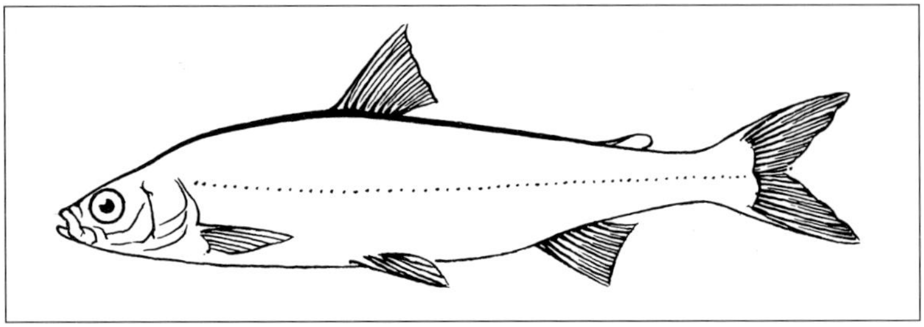

Abb. 10 Maräne, Renke, Felchen, Reinanke (*Coregonus*-Arten)

wohlschmeckenden geräucherten Flussaalen und dem äußerlich zwar ähnlichen, aber eine andere Fischart darstellenden trockenen, derbschmeckenden, fettarmen Meeraal, dem Conger, der ebenfalls geräuchert angeboten wird, aber im Geschmack weit zurücksteht. Letzterer unterscheidet sich vom Flussaal durch einen längeren, fast bis zum Kopf reichenden Flossensaum auf dem Rücken. Der Aal bringt deshalb unter allen Süßwasserfischen immer den höchsten Verkaufspreis auf dem Markt.

Was weitere Fischarten aus dem Süßwasser anbetrifft, so werden sich die älteren Leser an die ersten primitiven Räucherstätten der Berufsfischer erinnern können. In den Badeorten an der Küste oder in den Fischerdörfern an Seen und Flüssen wurden in Holztonnen und Fässern oder in einfachsten kleinen Öfen aus Ziegelsteinen die frisch gefangenen Fische geräuchert. Die Gäste warteten geduldig auf die noch warm aus dem Rauchfang genommene Ware. Heute steht in fast jedem Fischereibetrieb eine fabrikmäßig hergestellte, moderne Räucherkammer, und die Fische werden im geräucherten Zustand vom Räucherer selbst vermarktet. An den bayerischen und holsteinischen Seen werden die bereits erwähnten Maränen (Name in Norddeutschland), Renken (in Bayern) oder Felchen (im Bodenseegebiet) oder Reinanken (an den österreichischen Seen) zum großen Teil geräuchert. Diese Fischarten haben wie Lachs, Forelle und Saiblinge ihre Visitenkarte als Edelfisch in Form einer zusätzlichen Fettflosse auf dem Rücken und zeichnen sich durch das Fehlen der beim Verzehr störenden Zwischenmuskelgräten (Y-Gräten) aus.

Erst in dem Zeitraum der wirtschaftlichen Er-

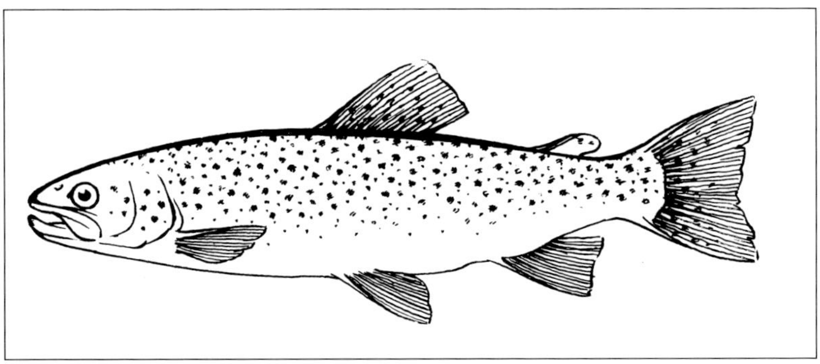

Abb. 11 Regenbogenforelle (*Oncorhynchus mykiss*)

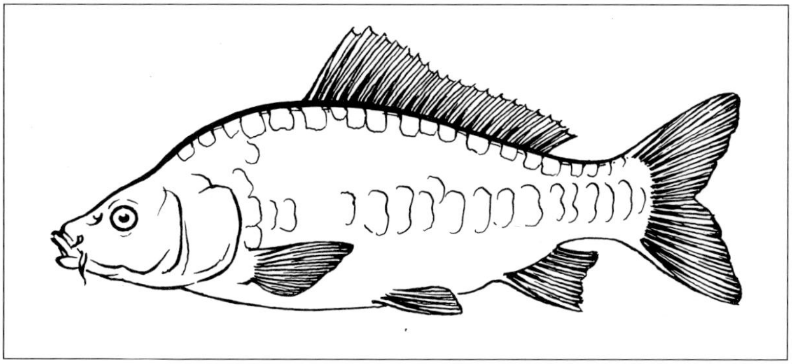

Abb. 12 Karpfen (*Cyprinus carpio*)

holung nach dem letzten Krieg hat die Regenbogenforelle, der Fisch unserer Forellenzuchtanstalten, die Speisetafel erobert. Einst vor dem Krieg mehr ein Festtagsfisch nur zu besonderen Anlässen, ist sie in jüngster Zeit ein Fisch geworden, der regelmäßig und überall auf dem Speisezettel zu finden ist und frisch, d. h. lebend, oder im tiefgefrorenen Zustand küchenfertig als Portionsfisch in vielen Geschäften laufend zum Verkauf bereitsteht. Mit steigenden Ansprüchen wird dieser Fisch heute von großen Teilen der Bevölkerung auch in geräuchertem Zustand verlangt.

Der Markt kann aus eigener Produktion (ca. 25 000 t) auch nach der Wiedervereinigung nicht mehr gedeckt werden. So wird die Regenbogenforelle heute lebend oder tiefgefroren aus verschiedenen Ländern (vorwiegend aus Dänemark und Italien) importiert, und unsere Forellenzuchten müssen zusätzlich die Importware (ca. 25 000 t) hereinnehmen, um ihre Kunden zu befriedigen und laufend geräucherte Forellen liefern zu können. Neben der Forelle ist in unserer Bevölkerung unter den Feinfischarten des Süßwassers der Karpfen am meisten bekannt. Er wird als 2 Jahre alter Besatzfisch in unsere Wildgewässer, in die Seen und langsam strömenden Flussstrecken eingesetzt. Da er nicht leicht zu fangen ist, wird er in den natürlichen Gewässern älter und größer als in Teichen, in denen das Wasser abgelassen und damit der Fischbestand restlos entnommen werden kann. Großflächige, kaum durchflossene und flache Teiche sind stets Karpfenteiche, aus denen die gesamte Karpfenernte im Herbst, wenn das Wasser kälter wird und die Fische im Winter nicht mehr wachsen, abgefischt wird. Die drei Sommer alten Karpfen haben dann im Durchschnitt 1,5 kg. Das sind unsere Speisekarpfen, die zu Weihnachten auf den Markt und zu diesem Fest in Nord- und Ostdeutschland regelmäßig auf den Tisch kommen. In Süddeutschland standen sie vor dem Krieg nur zu Karfreitag auf dem Speisezettel. Der Verzehr hat sich hier nach dem Krieg durch die Zahl der damaligen Flüchtlinge geändert. Heute ist der Karpfen auch im Süden der Weihnachtsfisch. Durch die einmal im Spätjahr erfolgende Abfischung ist die Karpfenernte gewissermaßen ein Stoßgeschäft, und um diese Jahreszeit wäre ein Räuchern von Karpfen durchaus möglich. Diese Fischart wird aber vom Käufer bisher frisch bevorzugt und kommt lebend auf den Markt. Die immerhin beachtliche Jahresproduktion von ca. 20 000 Tonnen Speisekarpfen der Bundesrepublik mit den neuen Bundesländern dürfte in Zukunft den

Abb. 13 Räucheräsche – eine Delikatesse. Foto: J. Olsson

Eigenbedarf nicht decken. Deshalb werden weiterhin große Mengen (ca. 3000 t) zum Ende jeden Jahres aufgrund günstiger Preise aus osteuropäischen Ländern, z. B. Polen, Tschechien, Kroatien, Ungarn, eingeführt.

Wer jedoch den feinen Geschmack eines geräucherten Süßwasserfisches und des Karpfens kennt, weiß ihn zu schätzen. Das ist in erster Linie der große Kreis der Sportfischer, der seine in der wärmeren Jahreszeit mit der Angel gefangenen Karpfen in zunehmendem Maße selbst räuchert. Die großen Exemplare unter den Fischen werden längs gespalten oder in Querstücke geschnitten. Wer kräftigen Geschmack besonders liebt, wird die freigelegten Innenseiten dieses Fisches mit einer Knoblauchzehe leicht bestreichen. Wie sich die Karpfenangler immer wieder äußern, schätzen sie ihre geräucherten Karpfen so sehr, dass sie von dieser Art der Vor- und Zubereitung nicht mehr abgehen, so dass sie praktisch zum Vorreiter dieser neuen Form des Angebotes werden. Man hört oft die Meinung, das Fleisch des Karpfens wäre in der warmen Jahreszeit zu weich. Nach der Veränderung durch den Räucherprozess lässt sich

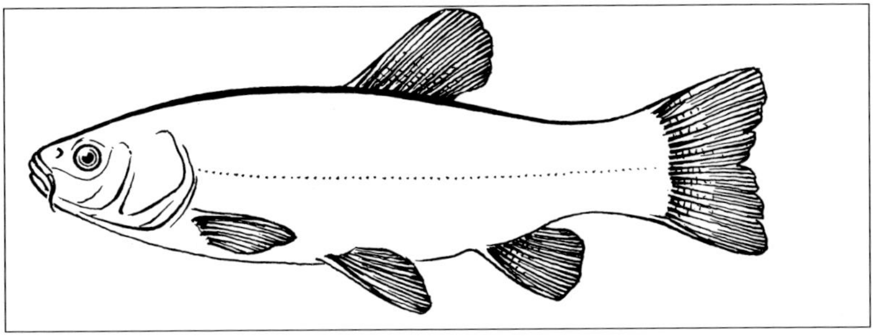

Abb. 14 Schleie (*Tinca tinca*)

diese Meinung für einen geräucherten Karpfen nicht mehr aufrechterhalten. So wird der geräucherte Karpfen meist in Stücken immer mehr im Handel angeboten.
Dasselbe trifft für viele weitere Süßwasserfische, insbesondere für die zahlreichen Arten von Weißfischen, zu. Unter diesem Sammelnamen werden die karpfenähnlichen Fischarten zusammengefasst.
Vorrangig muss hier die Schleie erwähnt werden. Sie gilt ebenso wie der Karpfen als Feinfisch und wird vielerorts bevorzugt. Man hält sie mit den Karpfen zusammen in Teichen, und sie fällt damit zur gleichen Zeit in lebendem Zustand für den Markt in der Größe eines Portionsfisches an, so dass sie im ganzen geräuchert werden kann. Der Kenner schwört auf geräucherte Schleien, die im Übrigen in jeder Form der Zubereitung vorzüglich schmecken. In Seen und Flüssen hat sie Zeit, langfristiger abzuwachsen, und fällt hier mitunter in recht ansehnlichen Exemplaren an, erreicht aber nicht die Gewichte alter Karpfen.
Von den eigentlichen Weißfischen wurde der Blei (Brassen oder Brachsen) bereits genannt. Dieser häufig auftretende Fisch aus unseren Seen und den Unterläufen der Ströme ist wohlbekannt. Vor dem Krieg wurde er in den ost- und norddeutschen Seen im Winter mit der heute nicht mehr üblichen Eisfischerei in großen Mengen gefangen und ging z. B. aus Ostpreußen waggonweise mit der Eisenbahn nach Berlin auf den Markt. Dort wurde er von einem speziellen Teil der Bevölkerung gern gekauft. In Bayern dürfen die Berufsfischer am Chiemsee für sich buchen, diese Fischart wohl als erste in größerer Menge im Sommer geräuchert zu haben. Darauf wird später noch einmal eingegangen. Der gut gewachsene, große Blei von etwa 2 kg kann recht fett sein und steht nach Ansicht erfahrener Fischesser dem Karpfen im Geschmack durchaus nicht nach, zumal er ein recht festes Fleisch hat. An den Gewässern, aus denen der Blei dem Käufer geräuchert angeboten wird, gibt es keinerlei Absatzschwierigkeiten für diesen Fisch, im Gegenteil! Die Fischer würden gern mehr fangen, da die Nachfrage nicht gedeckt werden kann.
Dieser Erfolg sollte eigentlich ein Signal für das Räuchern weiterer Weißfischarten sein, um den bisherigen Absatzschwierigkeiten bei diesen Arten erfolgreich zu begegnen. Der Freizeitfischer kann in der Hinsicht bereits mit breiter Erfahrung aufwarten. Ein guter Angelfischer ist nicht nur interessierter Naturbeobachter, sondern meist auch ein geschickter Bastler. Damit ist das Erproben von Neuem verknüpft, so auch das Selbsträuchern weiterer Fischarten. Angler haben bereits zahlreiche Weißfischarten erfolgreich geräuchert. Nach diesen Erfahrungen eignet sich die Zährte, eine zwar im Aussehen dem Blei nicht

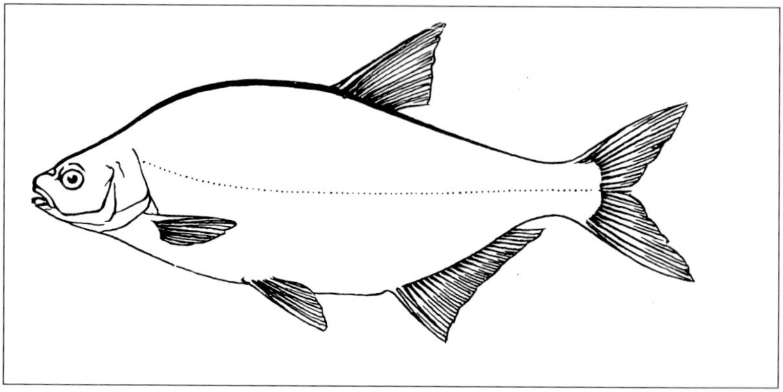

Abb. 15 Brassen, Blei (*Abramis brama*)

ähnelnde, aber in der zoologischen Systematik zu den Karpfenartigen gerechnete Fischart, die in Mündungsgebieten norddeutscher Flüsse, den Haffen im Küstenbereich der Ostsee, aber auch im Süden, z. B. im Donaugebiet, heimisch ist, durchaus zum Räuchern, ferner die Orfe, die in Norddeutschland Aland, in Süddeutschland Nerfling genannt wird, und eine größere, raubende Weißfischart, die in Norddeutschland Rapfen, in Süddeutschland Schied genannt wird, nicht zuletzt eine ausgesprochene Flussfischart, die wüchsige Barbe, und schließlich von den klein bleibenden Fischarten der Hasel und die Seelaube. Auch die neu in Teichwirtschaften eingebürgerten Grasfische eignen sich gut zum Räuchern.

Sicherlich ließe sich diese Aufzählung noch fortsetzen. Wie es unter den Anglern ausgesprochene Spezialisten auf bestimmte Fischarten gibt, so auch hinsichtlich des Räucherns. Der Fliegenfischer räuchert bisweilen sogar seine gefangene Äsche, der häufig zu findende Hechtliebhaber seinen Hecht und manch ein Angler sogar seinen geangelten Zander oder Barsch.

Eine Delikatesse besonderer Art stellt der geräucherte Waller (Wels) dar. Auch die heute im Handel erhältlichen Störarten liefern eine gute Räucherware. Fragt man Freizeitfischer, welche Fischarten sich zum Räuchern eignen, so wird eine so große Anzahl von Fischen genannt, dass man zu der Erkenntnis kommen muss, nicht nur alle bisher im frischen Zustand verwerteten Fische können geräuchert werden, sondern darüber hinaus noch weitere Arten, die zum Teil zu den Kleinfischen zählen und bisher nicht als übliche Speisefische gelten. Über den Geschmack soll man zwar nicht streiten, aber es muss im Zusammenhang mit dem Räuchern berücksichtigt werden, dass feine Unterschiede im Geschmack einzelner Arten oder artbedingte Differenzen leicht durch das Räucheraroma überlagert werden. So entfallen auch etwaige Bedenken gegen jahreszeitliche Geschmacksunterschiede, die durch die Laichausbildung des Fisches, durch sein Ablaichen oder durch Temperatureinflüsse einzelner Monate gegeben sein können. Der Rauchgeschmack herrscht vor.

Darüber hinaus ist das Grillen von Fischen sehr aufgekommen, das Garmachen durch Erhitzen ohne jeden Fettzusatz, meist außerdem noch unter Raucheinwirkung.

Die Fischerei-Zeitschriften bringen laufend neue Rezepte zum Grillen für die verschie-

Abb. 16 Geräucherte Renke, eine Voralpenspezialität. Foto: K.-H. Zeitler

densten Fischarten. Auch hier wird die Palette geeigneter Fische erweitert und zeigt ebenfalls an, dass immer mehr Arten voll genießbar sind, die man bisher kaum beachtet hatte. Das Grillen von Fischen wird wegen seiner zunehmenden Bedeutung gesondert besprochen (siehe Seite 107).

So wird das Räuchern künftig auch weitere Fischarten umfassen. Diese Form der Zubereitung hat gegenüber dem Grillen noch den praktischen Vorteil, dass die Fische nicht geschuppt zu werden brauchen, was beim Grillen unbedingt notwendig ist. Der Räuchervorgang ist insofern vereinfacht, die Fische müssen lediglich sauber abgerieben sein, damit kein Schleim auf der Haut bleibt. Da der Räuchervorgang in jedem Fall eine Geschmacksverbesserung bewirkt, dürfte sich der Kreis der Süßwasserfische-Räuchernden künftig noch mehr erweitern.

Technisch und von der Rohware her bestehen keine Schwierigkeiten, da das Räucherverfahren im Prinzip – von einigen kleinen Abweichungen abgesehen – stets das gleiche ist und die Räuchereinrichtungen, Kleingeräte wie größere Räucheröfen, keinerlei Beschränkungen bei der Auswahl der Fischarten verlangen. So hat das private Räuchern in kleinen Geräten sicherlich eine große Zukunft, nicht nur in der Angelfischerei, sondern darüber hinaus in Haushalten zu besonderen Anlässen wie Partys oder anderem.

Geräucherte Fische sind länger, wenn auch nur begrenzt, haltbar. Durch den hohen Wassergehalt im Fleisch ist der Fisch als Rohware nur sehr kurzfristig haltbar. Mit dem stets vor dem Räuchern durchgeführten Einsalzen und mit der vor dem eigentlichen Räuchervorgang in starker Hitze erreichten Gare des Fischfleisches wird der Gehalt an Wasser beträchtlich verringert und der Fisch allein schon dadurch haltbarer gemacht. Das ist ein weiterer Vorteil des Räucherns, der für Vermarktung und Absatz und für private Haushalte von Bedeutung sein kann.

Vorarbeiten

1. Nüchtern
2. Betäuben und Töten
3. Schlachten und Ausnehmen
4. Salzen
5. Würzen
6. Waschen und Trocknen

Diese Arbeitsvorgänge werden nachstehend im Einzelnen behandelt.

Nüchtern

Zur erhöhten Sauberkeit und zum Vermeiden der Übertragung von Krankheitskeimen durch Darminhalt (Kot) sind die Fische vor ihrer Verwendung zum Räuchern und zum menschlichen Genuss zu nüchtern, wenn sie lebend gehältert werden können. Das Nüchtern wird jedoch nur dann verlangt, wenn die geräucherten Fische später gewerblich in den Verkehr gebracht, also verkauft werden sollen. In vielen Bundesländern wird das Nüchtern auf dem Verordnungswege für gewerbsmäßiges Räuchern ausdrücklich verlangt. Sofern diese Forderung noch nicht verlangt wird, sollte sie jedoch bei dem zunehmenden Umweltbewusstsein des Verbrauchers und seinen erhöhten Erwartungen auf dem Gebiet der Hygiene nach Möglichkeit überall Berücksichtigung finden.

Weiter zu beachten sind die Empfehlungen der Tierärztlichen Vereinigung für Tierschutz e.V. zur Hälterung von Speisefischen im Einzelhandel. In den Merkblättern werden die wesentlichen allgemeinen Empfehlungen und Forderungen zur Hälterung von Speisefischen im Einzelhandel sowie die speziellen Anforderungen an das Hältern der gängigsten Süßwasserfische in kurzer und übersichtlicher Form behandelt.

Sie finden Anwendung auf das zeitlich begrenzte Vorrätighalten von Speisefischen (Hältern) im Einzelhandel zum Verkauf als Lebensmittel und beziehen sich auf das Hältern in Becken in Verkaufsstätten und in der Gastronomie sowie in deren gewerblichen Nebenräumen.

Süßwasserfische aus Teichwirtschaften und Fischhaltungen sind vor dem Schlachten und vor der Abgabe an den Verbraucher bis zur Darmentleerung in gesonderten, leicht und einwandfrei zu reinigenden Becken oder hygienisch einwandfreien Hälterungen in sauberem Wasser zu nüchtern, d. h. Magen und Darm sollen sich entleeren. Die Nüchterungszeiten richten sich nach Fischart und Größe, nach dem Ausmaß und der Art der Magen- und Darmfüllung und nach der Wassertemperatur. Nach jedem Nüchterungsvorgang sind die Nüchterungsbecken zu entleeren, Hälterungseinrichtungen und Becken zu reinigen und nach Möglichkeit zu desinfizieren.

Moderne Netzkäfige werden als Nüchterungshälter anerkannt.

Nicht immer wird das Nüchtern möglich sein. Die Fischindustrie bringt geräucherte Sprotten und Heringe mit gefüllten Eingeweiden auf den Markt. Einige Süßwasserfischarten wie Renken und Maränen werden nach dem Entnehmen aus dem Netz sofort abgeschlagen, da sie kaum hälterfähig sind. Der geangelte Fisch des Freizeitfischers wird im Allgemeinen nicht in den Handel gebracht. Er unterliegt daher nicht den Bestimmungen der gesetzlichen Hygienevorschriften und braucht daher nicht genüchtert zu werden.

Betäuben und Töten der Fische

Der korrekte Fischer – gleich ob Freizeit- oder Berufsfischer – wird das Töten der Fische stets möglichst schmerzlos durchführen. Für das Schlachten und Töten sind die Vorschriften des § 4 des Tierschutzgesetzes zu beachten. Der Fisch wird vor dem Töten betäubt.
§ 4 Ein Wirbeltier (das sind auch Fische) darf nur unter Betäubung oder sonst, soweit nach den gegebenen Umständen zumutbar, nur unter Vermeidung von Schmerzen getötet werden. Ein Wirbeltier töten darf nur, wer die notwendigen Kenntnisse und Fähigkeiten hat.
Neben dem Tierschutzgesetz vom 25. Mai 1998 gilt nach § 4b Nr. 1a die Verordnung zum Schutz von Tieren in Zusammenhang mit der Schlachtung oder Tötung (Tierschutz-Schlachtverordnung – TierSchlV) vom 3. März 1997, geändert durch Verordnung vom 25. November 1999.
Folgende Auszüge aus dem Gesetzestext sind von besonderer Bedeutung:

§ 13 Betäuben, Schlachten und Töten
Abs. (1)
Tiere sind so zu betäuben, dass sie schnell und unter Vermeidung von Schmerzen oder Leiden in einen bis zum Tod anhaltenden Zustand der Empfindungs- und Wahrnehmungslosigkeit versetzt werden.
Für Fische gilt der Absatz (5) des § 13:
Wer einen Fisch schlachtet oder tötet, muss diesen unmittelbar vor dem Schlachten oder Töten betäuben. Ohne vorherige Betäubung dürfen
1. Plattfische durch einen schnellen Schnitt, der die Kehle und die Wirbelsäule durchtrennt, und
2. Aale, wenn sie nicht gewerbsmäßig oder sonst höchstens bis zu einer Zahl von 30 Tieren pro Tag gefangen und verarbeitet werden, durch einen die Wirbelsäule durchtrennenden Stich direkt hinter dem Kopf und sofortiges Herausnehmen der Eingeweide einschließlich des Herzens geschlachtet oder getötet werden.
Die Betäubung hat durch einen wuchtigen Schlag auf den Kopf (Kopfschlag) oberhalb der Augen mit einem genügend schweren Gegenstand zu erfolgen. Er darf nur bei anschließendem Entbluten eingesetzt werden.
Außer dem Kopfschlag ist bei Fischen laut Anlage zu § 13 Abs. (6) die Elektrische Durchströmung, Kohlendioxidexposition (nur bei Salmoniden) und Verabreichung eines Stoffes mit Betäubungseffekt (ausgenommen Stoffe, wie Ammoniak, die gleichzeitig dem Entschleimen dienen) zugelassen. Diese Methoden kommen in erster Linie bei größeren Mengen zum Einsatz.

Es mag noch ein weiterer Punkt hier angeführt werden, der für den Fischverkauf bei Berufsfischern und Fischzüchtern eine Rolle spielt:

§ 10 Aufbewahren von Speisefischen
Abs. (1)
Lebende Speisefische dürfen nur in Behältern aufbewahrt werden, deren Wasservolumen den Tieren ausreichende Bewegungsmöglichkeiten bietet. Unverträgliche Fische müssen voneinander getrennt gehalten werden. Den Wasserqualitäts-, Temperatur- und Lichtansprüchen der einzelnen Arten ist Rechnung zu tragen. Insbesondere müssen ein ausreichender Wasseraustausch und eine ausreichende Sauerstoffversorgung der Tiere sichergestellt sein.
Abs. (3)
An Endverbraucher, ausgenommen Gaststätten und ähnliche Einrichtungen, dürfen Fische nicht lebend abgegeben werden.

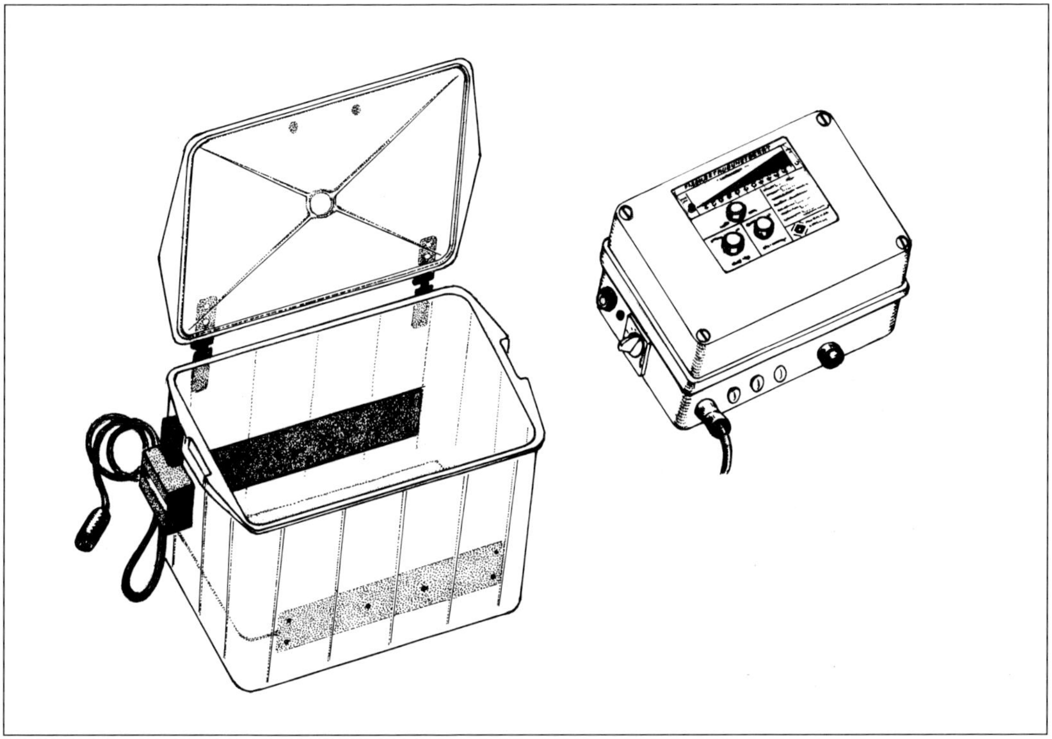

Abb. 17 Betäubungsgerät BE 300 der Fa. Grassl

Betäuben mit elektrischem Strom

Es lässt sich nicht immer vermeiden, Fische vor den Augen der Mitmenschen abzuschlagen und zu töten. Der Vorgang wird zumeist kritisch beobachtet und sollte in keinem Fall Anlass zu einer Beanstandung geben. Hier gibt es leicht Differenzen zwischen den Angel- und Berufsfischern.

Wer viele Fische schlachten muss, beschafft sich vorteilhafterweise eine Fischbetäubungsanlage. Dabei kann nicht genug vor dem Selbstbasteln eines solchen Gerätes gewarnt werden. Es muss zum mindesten VDE-überprüft sein. Letzteres trifft für sämtliche fabrikmäßig hergestellte Anlagen dieser Art zu. Sie bieten die Garantie, dass der bedienende Mensch gegen Stromschlag und Berührung mit dem Stromkreis geschützt wird. Der elektrische Strom lässt sich nur dann einschalten, wenn die Anlage geschlossen und das Hineingreifen in den Fischbehälter unmöglich ist.

Entsprechende Geräte werden beispielsweise von der Firma Grassl, Schönau bei Berchtesgaden/Obb., und der Fa. Karl von Keitz, 36163 Poppenhausen, hergestellt.

Das Gerät BE 300 der Fa. Grassl besteht aus einem Schaltkasten, der einen Elektroanschluss von 220 Volt Wechselstrom aufweist, die Ausgangsspannung beträgt 160 Volt. Durch die langsam ansteigende Betäubungsspannung werden Verletzungen der Fische nahezu ausgeschlossen. Das Gerät sowie der Behälter sind aus rostfreien Materialien gefertigt. Das Gerät ist in den 3 Behältergrößen 80 Liter, 210 Liter und 400 Liter lieferbar. Die zu betäubenden Fische werden in den Behälter gegeben und der Deckel geschlossen. Der seitlich am Steuergerät angebrachte Taster wird gedrückt und damit der Betäubungsvorgang ausgeführt. Er kann über die 12 Anzeigelampen verfolgt werden. Das Ende des Betäubungsvorganges wird durch ein akustisches Signal angezeigt. Falls die Betäubungsergebnisse unbefriedigend sind, kann eine zu geringe Leitfähigkeit des Wassers daran schuld sein. In solchen Fällen gibt man etwas Kochsalz (ca. 100 g Kochsalz je 100 l Wasser) in den Behälter. Auf keinen Fall darf man während des Betäubungsvorganges in das Wasser greifen. Dies ist in jedem Fall lebensgefährlich! Die Spannnung zwischen den Elektroden kann bis 160 Volt betragen. Das Gerät sollte möglichst an einer trockenen Wand befestigt werden. Das Gerät darf nur von unterwiesenen Personen bedient werden.

Das Gerät BE 100 eignet sich besonders zum Betäuben von Fischen in kleinerem Umfang, z. B. für Gaststätten, Fischgeschäfte und auch für Privathaushalte. Es arbeitet mit Wechselstromanschluss 220 Volt und einer Elektrodenspannung von 42 Volt und ist damit ungefährlich. Jedoch sollte man auch hier darauf achten, dass keine fremden Personen während des eingeschalteten Stromes in das Wasser greifen, da der Stromfluss in jedem Fall für den Menschen individuell verschieden, mehr oder weniger stark, spürbar ist.

Die Fa. Karl von Keitz bietet für den Einzelhandel und kleinere Verarbeitungsbetriebe das Betäubungsgerät Narkotex 60 an. Es hat ein Fassungsvermögen von ca. 60 Liter Wasser und ca. 30–35 kg Fisch. Grundsätzlich ist bei elektrischen Betäubungsgeräten darauf zu achten, dass sich in der Muskulatur keine Blutgerinnsel (Hämorrhagien) bilden, die beim Verzehr unappetitlich wirken und empfindliche Leute davon abhalten können, Räucherfisch zu essen. Die Gerätehersteller schließen für ihre Geräte bei richtiger Handhabung derartige Blutungen aus.

Betäuben und Töten von Aalen

In der Praxis ist bei Aalen die Massenbetäubung mit einem Gemisch von Wasser und Salmiakgeist (35 %) noch üblich, solange es keine bessere Methode gibt. Ein Teil Salmiakgeist auf 50 Teile Wasser ist ausreichend.

Gut verschließbare Gefäße sind bei solcher Anwendung notwendig, damit die anfangs kurz sich sträubenden Aale nach Einbringen des Salmiakgeistes nicht aus dem Gefäß entweichen können. Hohlräume zwischen dem Wasserspiegel im Gefäß und dem Deckel sind zu vermeiden, um ein schnelleres Betäuben erzielen zu können. Die benötigte Menge Wasser mit Salmiakgeist richtet sich nach der Menge der zu tötenden Aale, ein Mengenverhältnis von ca. 1 : 1 ist gebräuchlich.

Um der Tierschutz-Schlachtverordnung gerecht zu werden, muss man fordern, die Aale vorher elektrisch zu betäuben und erst dann in die Salmiaklösung zu bringen. Das Ganze muss aber sehr schnell vor sich gehen, da elektrisch betäubte Aale bei einer Stromeinwirkung von 10 Sekunden schon nach 10 Sekunden wieder mobil werden. In der Praxis wird deshalb vielfach die Salmiaklösung gleich in das elektrische Betäubungsgerät gegeben, und die Aale werden bei eingeschaltetem Strom mit dem Kescher hineingehalten. Oder man gibt den Salmiak erst dazu, nachdem man die Aale hineingebracht und durch Einschalten

des Stromes betäubt hat. Dann muss der Strom solange eingeschaltet bleiben, bis sich keine Lebenszeichen mehr erkennen lassen. An Stelle von festen Gefäßen eignen sich auch Plastiksäcke. Beim Betäuben mit Salmiakgeist wird gleichzeitig eine gute Entschleimung gewährleistet. So verwendet man zum Entschleimen anderer, bereits getöteter Fische, z. B. bei Forellen, Salmiakgeist im Verhältnis 1:200 im kurzen Tauchverfahren von etwa 10 Sekunden Dauer. Es genügt das Eintauchen der Fische in einem Kescher in einen geeigneten Behälter mit der abschleimenden Lösung.
Die Leibeshöhle des Fisches darf vor einem solchen Bad nicht geöffnet werden. Durch mehrmaliges, anschließendes Waschen unter fließendem Wasser lässt sich die Schleimhaut restlos entfernen. Das vollständige Entschleimen gewährleistet die goldgelbe Färbung nach dem Räuchern. Verbleibende Schleimhautstücke auf der Lederhaut lassen diese nach dem Räuchern grau und trüb erscheinen. Der zuerst wahrnehmbare Geruch nach Salmiakgeist verflüchtigt sich nach gründlichem Waschen.
Für das Schlachten (Töten) von Aalen und Plattfischen gibt § 13 Abs. 5 der Verordnung (s. S. 30) die Technik an.

Schlachten und Ausnehmen

Dafür werden speziell konstruierte Tische aus Edelstahl von verschiedenen Firmen angeboten. Die Tischplatte ist allseitig abgekantet, besitzt eine Rückwand und eingelassene Kunststoff-Schneidplatte mit Abwurfschacht. Die Tischbeine sind höhenverstellbar. Schlachttische sind auch als Wandtische, die fest montiert werden, lieferbar.
Gleich nach dem Töten müssen die Fische geschlachtet und ausgenommen werden. Für diese Tätigkeit sind in bestehenden Vorschriften und im Volksmund verschiedene Benennungen gebräuchlich. Das Ausnehmen wird als Ausweiden, Entweiden (in der Fischindustrie an der Küste), Aufbrechen (bei Anglern in Anlehnung an den jagdlichen Begriff), Flecken (aus dem Norwegischen) und Kehlen (beim Hering) bezeichnet.
In allen Fällen versteht man darunter das Entfernen der Innereien einschließlich der Laichprodukte (Gonaden = Milch oder Rogen). Diese Tätigkeit hat möglichst ohne Verletzung oder Beschädigung der Eingeweide, insbesondere des Magen- und Darmkanals, zu erfolgen.
Um einen besonders schmackhaften und angenehm zu zerlegenden Bückling zu erzielen, werden durch Kehlen Eingeweide und Blut aus der Bauchhöhle des Herings entfernt, ohne sie ganz zu öffnen. Unterbleibt das, findet sich beim Zerlegen des geräucherten Fisches eine schmierige, unappetitliche Masse vor, welche die darin enthaltenen Bitterstoffe auf das angrenzende Fleisch überträgt und so das Gesamtaroma des Bücklings negativ beeinflusst.
Beim Kehlen wird an der Fischunterseite zwischen den Brustflossen mit einem spitzen, scharfen Messer ein von hinten nach vorn geführter, zwei bis drei Zentimeter langer Kehlschnitt gesetzt, der etwa einen Zentimeter vor dem Kiemenansatz endet. Nun hebelt man mit der Breitseite der Klingenspitze die Eingeweide hervor und zieht sie, zwischen Daumen und Zeigefinger gehalten, vorsichtig heraus.
Gelungen ist der Arbeitsgang, wenn dabei der Darm von innen am Waidloch abreißt und auch in ganzer Länge herausgebracht werden kann. Durch das nach dem Salzen erforderliche gründliche Spülen der Heringe werden auch noch die beim Kehlen im Fischleib zurückgebliebenen Blutreste entfernt. Die Laichstränge bleiben, falls vorhanden, bei so durchgeführtem Kehlen im Fisch zurück. Von den erwähnten Bitterstoffen jetzt nicht mehr beeinflussbar, Liefern die Laichstränge nach dem Räuchern dem Kenner eine besondere Delikatesse.

In der Binnenfischerei geht man heute schon so sorgfältig vor wie in der Fischindustrie. Schlacht- und Filetiermaschinen rentieren sich für Süßwasserfische allerdings selten, es sei denn, es wird auf Genossenschaftsbasis gearbeitet, wie z. B. bei der Teichwirtschaftlichen Erzeuger- und Vermarktungsgenossenschaft Oberpfalz eG, 8471 Stulln 19 (TEVO), oder Speisefischbetrieben der Forellenteichwirtschaft. Sonst wird fast ausschließlich von Hand gearbeitet. In den Fischverarbeitungsfabriken werden der Hering und andere Fischarten vom After bis zum Kopf geöffnet und ein schmaler Bauchstreifen abgeschnitten, um die Innereien und die schwarze innere Bauchhaut zu entfernen. Diese Maschinen arbeiten mit gleichzeitiger Wasserspülung.

Die älteren Binnenfischer und Angelfischer öffnen ihren gefangenen Fisch oft vom After her, weil dies leichter möglich ist. Mit dem Einstechen in den After wird aber unweigerlich der Darm verletzt, der Darminhalt frei und die Leibeshöhle verunreinigt, was schärferes Ausspülen und längeres Reinigen erforderlich macht. Deshalb ist ein Öffnen vom Kopf zum After hin vorzuziehen, weil auf diese Weise Magen und Darm unverletzt bleiben können. Nach dem Öffnen wird der Verdauungstrakt gleich hinter dem Kopf abgeschnitten und mit allen Innereien zusammen nach hinten herausgezogen. Dabei wird nicht die Niere erfasst. Sie muss gesondert mit einem Löffel oder einem ähnlichen Gerät herausgekratzt werden. Sie liegt entlang der ganzen Wirbelsäule. Beim Aal ist speziell darauf zu achten, dass hinter dem After auf der Bauchseite der letzte Teil der Niere (Nierenpfropf) entfernt wird. Man schneidet deshalb vom After ca. 1–3 cm je nach Größe des Aales in Schwanzrichtung auf. Das gleiche gilt auch für die Rutte (Trüsche).

Es empfiehlt sich dringend, beim Ausnehmen aller Fischarten die beidseitigen Kiemenbögen ebenfalls herauszuschneiden, und zwar durch Schnitte unterhalb und oberhalb des tragenden Bogens. Dadurch werden später auftretende Blutstreifen auf der Haut des geräucherten Fisches vermieden, die dem Aussehen abträglich sind. Der Streifen bleibt aus, wenn die Fische, wie es oft bei den Forellen geschieht, am Schwanz aufgehängt werden. Die Kiemen von Aalen sind schwer herauszuschneiden, da die Kiemenöffnungen sehr klein sind. Deshalb sollten die Kiemenblätter wenigstens ausgedrückt werden, um auf diese Weise das Blut zu entfernen. Völliges Ausbluten des Fisches ist immer anzustreben.

Ist eine Vakuumpackung vorgesehen, so müssen die Kiemen beim Ausnehmen stets entfernt werden.

Fische mit einem guterhaltenen, festen Schuppenkleid brauchen nicht geschuppt zu werden. Ist die Beschuppung jedoch beschädigt, was bei gemaschten Fischen aus Stellnetzen der Fall ist, wird man den Fisch schuppen müssen, damit beim Räuchern eine gleichbleibende und gleichmäßige Färbung auf dem Fisch erzielt wird. Das Schuppen wird vor allen Dingen bei den Renken vorgenommen. Da in der Binnenfischerei spezielle Entschuppungsapparate und entsprechende Maschinen fehlen, hilft man sich in der gewerbsmäßigen Räucherei mit eigens dazu umgerüsteten Betonmischmaschinen oder Kartoffelschälmaschinen.

Schlachtbrett für Aale

Der Aal lässt sich trotz des Fehlens des Bauchflossenpaares insofern nicht leicht aufschneiden, als es bei seiner Länge und großen Biegsamkeit nicht einfach ist, das Messer nach dem Einstich in die Unterseite in Kopfnähe

Abb. 18 Diverse Fische im Räucherofen. Foto: K.-H. Zeitler

Abb. 19 Eine 4 kg schwere Barbe wurde zum Räuchern komplett in zwei Körperhälften geteilt.

Abb. 20 Der Räuchervorgang ist beendet. Die Barbenhälften liegen zum Verzehr bereit.
Fotos: K.-H. Zeitler

geradlinig an der Bauchseite bis hinter den After weiterzuführen. Das gelingt am besten, wenn der Aal herunterhängt und ihn das Eigengewicht strafft.

In der Landesanstalt für Fischerei Starnberg ist in Zusammenarbeit mit der ehemaligen „Alevon“ GmbH & Co., Aquafarming KG ein besonderes Aalschlachtbrett konstruiert wor-

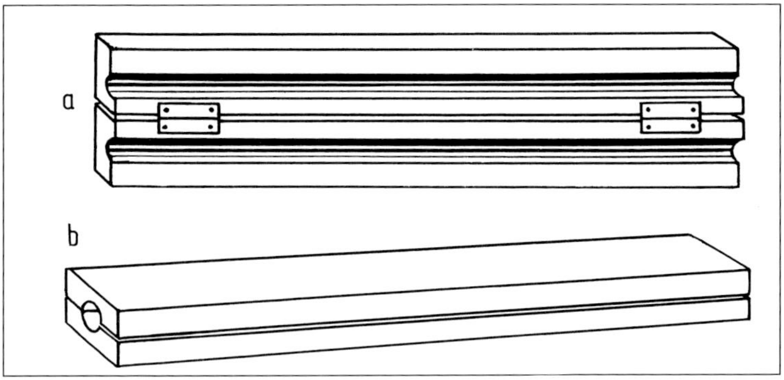

Abb. 21 Schlachtbrett für Aale;
a. geöffnet, b. geschlossen

den, das sich jedermann selbst herstellen kann. Es ist ein Doppelbrett, aufklappbar an 2 kleinen Scharnieren, die an einer der Längsseiten angebracht sind. Die beiden Bretter müssen länger sein als ein besonders starker Aal – etwa 100 × 20 cm im Rechteck – und nicht zu schwach, da sie an der den Scharnieren gegenüberliegenden Längsseite ausgekerbt werden, um den Aal je zur Hälfte aufnehmen zu können. Der Durchmesser der Höhlung sollte je nach Aalgröße 10–12 cm betragen. Das obere aufliegende Brett kann wie ein Deckel aufgeklappt werden. Die Bauchseite des Aales muss nach außen zum Brettrand zeigen und der Aal in die beiden übereinander befindlichen Auskerbungen gelegt werden. So kann der Bauch des Aals mit einer Messerführung zwischen den beiden Brettern der Länge nach leicht und schnell aufgeschlitzt werden. Da die übrigen Fischarten auf der Bauchseite mit der Messerschneide nach außen geöffnet werden, müssen die bauchseitigen Flossen, besonders die paarigen Bauchflossen, beim Schneiden speziell berücksichtigt werden. Bei den forellenartigen Fischen sowie Renken und Äschen sind diese Flossen verhältnismäßig klein und weich. Dementsprechend sind die an den Ansatzstellen der Flossen befindlichen Flossenträger im Körper nicht stark und stelllen keinen Widerstand beim Durchschneiden der Bauchseite dar. Karpfen, Schleien und Weißfischarten haben stärkere Flossen auf der Bauchseite und damit kräftigere Flossenträger, besonders die Schleienmilchner. Das Durchschneiden erfordert größeren Kraftaufwand. Das Öffnen dieser Arten ist mühevoller, zeitraubender und nach Äußerungen einiger Fischer mit ein Grund, dass die Weißfische bisher weniger gern als Räucherfische verwendet worden sind. Der Praktiker benutzt zum Aufschneiden an den kräftigen Flossenträgern dieser Fischarten eine Küchen-, Rosen- oder Geflügelschere.

Haben wir durch ein Missgeschick beim Ausnehmen der Innereien die Galle verletzt, genügt sofortiges Ausspülen, was im Übrigen grundsätzlich gleich nach dem Ausnehmen in jedem Fall gemacht werden sollte. Rotierende Nylonbürsten mit Wasserspülung sind am besten geeignet, die letzten Reste der Nieren unter der Wirbelsäule zu entfernen.

Sauberkeit muss auch auf dem Schlachttisch und im Schlachtraum garantiert sein. Darauf wird noch später eingegangen. An das Schlachten und Ausspülen der Fische schließt sich das Salzen an.

Salzen

Das Fleisch der Fische ist von Natur aus salzarm. Deshalb eignet es sich bevorzugt zur Kranken- und Diätkost. Der relativ sehr geringe Salzgehalt trifft besonders für die Süßwasserfischarten zu. Er beträgt nach Messungen bei Karpfen, Schleien und Hechten 0,08–0,1 %. Auch bei den im Salzwasser lebenden Seefischen ist der Salzgehalt nach Messungen beim Hering und bei den Dorschfischarten ebenfalls gering, nämlich etwa nur 0,2 %. Das ist zusammen mit einem relativ hohen Wassergehalt die Ursache der schnellen Verderblichkeit des Fischfleisches. Seit Jahrhunderten hat die Fischverarbeitung an der Küste einige Fischarten haltbar gemacht, einmal im Trocknungsverfahren durch Wasserentzug (Stock- und Klippfisch) und seit ebenso langer Zeit durch Einsalzen. Frischfisch wird schon durch schwaches Salzen länger haltbar. Mit starker Salzung („harter Salzung", Salzgehalt 20 g für 100 g Fisch) erzielt man einen im Salz garen und haltbaren Fisch. Er ist in rohem Zustand nach dem Wässern genießbar.

Da man das Räuchern von Fischen (mehr als 30 % der angelandeten Seefische werden in Fischindustrien geräuchert) ebenso wie das Salzen und Trocknen zur Konservierung anwendet, hat man das Salzen und das Räuchern miteinander verbunden und mit dem Wasserentzug bessere Haltbarkeit und Geschmacksverbesserung erreicht.

Heute steht bei der Verarbeitung des Fischfleisches im Räucherverfahren die Veredlung des Geschmackes im Vordergrund, und erst an zweiter Stelle folgt die begrenzte Verlängerung der Haltbarkeit. Schwaches Salzen ist dennoch stets notwendig. Es kann in zwei unterschiedlichen Verfahren durchgeführt werden, die man nach der verschiedenen Handhabung als Trocken- oder Nass-Salzung bezeichnet.

Trockensalzen

Die ausgenommenen und gewaschenen Fische werden außen und innen mit Salz bestreut und eingerieben. Sodann legen wir sie reihenweise in eine Plastikwanne oder in ein nichtverzinktes Gefäß auf eine Salzschicht. Viele Menschen sind gegen das Nitritpökelsalz empfindlich; die Verwendung dieser Salzart ist aber bei Fischen ohnehin untersagt. Es darf ausschließlich nur Speisesalz verwendet werden. Flüssig werdendes Salz muss bei diesem Prozess ablaufen können. Wenn eine Stapelung von Fischen in mehreren übereinanderliegenden Schichten erfolgen muss, sind die Fische einer Schicht in dieselbe Richtung zu legen, die nächste Schicht wird in entgegengesetzter Richtung gelegt, so dass Kopf auf Schwanz zu liegen kommt. Über jede Schicht, besonders aber über dickere Fische, streut man das Salz in geringen Mengen und fein verteilt. Die Salzzeit beträgt 1–1,5 Stunden. Diese Methode des Trockensalzens kann mitunter den Nachteil haben, dass gleichmäßiges Salzen nicht gewährleistet ist. Die verwendete Salzmenge steht in keinem festen Verhältnis zur Fischmasse. Die dünnen Bauchseiten werden mehr als die dicken Rückenpartien gesalzen. Bei unterschiedlicher Feuchtigkeit der Fische kann das Salz sogar stellenweise verkrusten. Es lässt sich nicht vermeiden, dass Fische oder einzelne Körperpartien unterschiedlich stark gesalzen werden.

Nass-Salzen

Die zweite Methode ist das Nass-Salzen. Sie erfordert weniger Manipulation mit den einzelnen Fischen. Hier sind zwei verschiedene Salzkonzentrationen möglich, die eine unterschiedlich lange Einlegezeit erfordern. Der Vorteil dieser Methode besteht in der besseren und gleichmäßigen Durchsalzung.

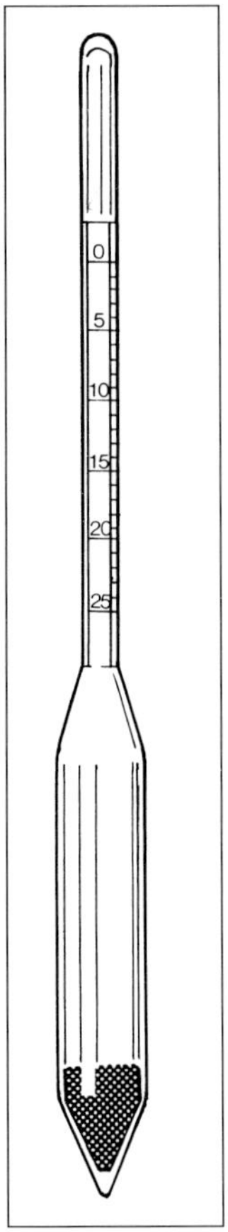

Abb. 22 Aräometer (zur Kontrolle der Salzkonzentration)

Folgende Berechnungen der Kochsalzlösungen sind zur Herstellung einer Salzlake (Sole) möglich. Die Konzentration wird entweder in Masse- oder Volumenprozenten ausgedrückt. Ein Beispiel für die Berechnung in Masseprozenten bedeutet Gramm-Gehalt in 100 g, Lösung z. B. 10 g Salz + 90 g Wasser = 10 % Massesalz.
Volumenprozente sind Gehalt in Kubikzentimetern in 100 cm³ Lösung, z. B. 10 cm³ konzentrierte Salzlösung + 90 cm³ Wasser.
Bei der in der Praxis üblichen Salzung wird dem Fischgewicht entsprechend eine 5- bis 8 %ige Kochsalzlösung hergestellt, indem 50–80 g Kochsalz in 1 l Wasser aufgelöst werden. Es muss genügend Lake zur Verfügung stehen. Das Mengenverhältnis Fisch zu Lake von 1 : 1,5 sollte eingehalten werden, damit die Fische locker in der Lösung liegen. Nur so ist gleichmäßiges Durchsalzen der Fische gewährleistet. Mit einer Messspindel, dem so genannten Aräometer, kann die Lösung jederzeit auf die richtige Konzentration geprüft werden. Die Fische verbleiben bei Zimmertemperatur etwa 12 Stunden in dieser Lösung. Flache Plastikwannen zum Nass-Salzen sind schmalen, hochstehenden vorzuziehen, da die unteren Fische weniger gepresst werden und dadurch ein besseres und gleichmäßigeres Durchsalzen gewährleistet ist. Eine Lösung darf nur einmal verwendet werden, da evtl. vorhandene Blut- und Schleimreste die Lösung für einen zweiten Salzungsvorgang unbrauchbar machen.
Einfacher ist eine andere Konzentration: Es wird soviel Salz im Wasser gelöst, bis es gesättigt ist, d. h. wie sich lösen lässt (im Allgemeinen bei 27–33 % je nach Temperatur). Dann ist die Zeit des Einlegens kürzer. Es genügen jetzt 2 Stunden.
Man kann sagen, dass die Stärke der Salzung durch den Verbrauchergeschmack beeinflusst wird. So werden z. B. in Heilkurorten besonders mild gesalzene Räucherfische verlangt.

Zum Salzen von Meeresfischen

Freizeitfischer angeln, wie bekannt, nicht allein im Süßwasser, sondern in steigender Zahl an den Küsten der Meere und auf hoher See. Es gibt auch Gemeinschaftsfahrten zum Angeln auf Dorsche, z. B. zu bestimmten Jahreszeiten ab Travemünde, oder auf Makrelen und andere Fischarten von Helgoland aus, oder es werden Angelreisen in ausgesprochene Küstenländer mit ihren Schären oder zu Fjorden angeboten. Nach gutem Petri Heil möchten viele Angler wenigstens einen Fisch, manchmal den Kapita-

Abb. 23 Appetitlich und vielseitig: Matjes-Appetithappen, Sprotten, geräucherte Rollmöpse.
Foto: FIMA

len, zum Vorzeigen mit nach Hause nehmen. Das Räuchern vor der Heimreise bietet sich an, um den Fisch länger haltbar zu machen. In diesem Zusammenhang wird stets die Frage gestellt, wie stark soll der Meeresfisch, der also aus dem Salzwasser kommt, vor dem Räuchern gesalzen werden? Viele Jahre war man der Ansicht, dass der Salzgehalt der Meeresfische hoch sei und er deshalb beim Salzen milder behandelt werden müsste. Krankenhäuser hatten den Seefisch zur Verpflegung der Patienten ausgeschlossen, um den Kranken keine salzhaltige Kost anzubieten!

Nach exakten Lebensmitteluntersuchungen ist diese Ansicht heute nicht mehr vertretbar. Die Unterschiede im natürlichen Salzgehalt im verwertbaren Fleisch verschiedener Fischarten sollen mit nachstehenden Angaben belegt werden. Die Literaturangaben lassen sich nicht immer vergleichen. Oftmals sind nur die Chloridanteile im Nährstoffgehalt angegeben. Errechnet man aus diesen Werten die Kochsalzgehalte (NaCI-Gehalte), so kommt man (nach Ludorff/Meyer aus „Fische“, Verlag Paul Parey, 2. Aufl.) auf folgende Werte in 100 g essbaren Fischanteilen:

Abb. 24 Appetitlich und vielseitig: Rotbarschstücke, Fleckbücklinge, Makrelen, Schillerlocke, Lachsbücklinge (Kippers), Heilbuttstücke, Bundaale. Foto: FIMA

Kochsalzgehalt im Fleisch von Süßwasserfischarten

Karpfen	*102 mg*	=	*0,102 %*
Schleie	*82 mg*	=	*0,082 %*
Zander	*68 mg*	=	*0,068 %*

Unerklärlicherweise ist die Speiseforelle am wenigsten untersucht worden. Dr. Gehra hat am Institut für Forschung und Entwicklung in Dachau deshalb gefütterte Regenbogenforellen, wie sie aus den Fischzuchten auf den Markt kommen, untersucht und bei diesen einen Kochsalzgehalt von 78,8 mg = 0,0788 % festgestellt (Abweichungen von ± 17,3 je nach dem Mineralgehalt verschiedener Trockenfuttermittel). Für unseren Flussaal ist aus „Dokumente Geigi" (Verlag Geiger, Schweiz, 1968, 7. Auflage) folgender Wert zu entnehmen: Aal 58 mg/100 g = 0,058 % Bei dem hohen Fettgehalt ist der Aal besonders salzarm.

Kochsalzgehalt im Fleisch von Meeresfischen

Makrele	*280 mg/100 g*	=	*0,28 %*
Dorsch	*160 mg/100 g*	=	*0,16 %*
Flunder	*209 mg/100 g*	=	*0,209 %*
Steinbutt	*231 mg/100 g*	=	*0,231 %*

Die Unterschiede im Salzgehalt essbarer Anteile von Süßwasserfischarten liegen demnach im Bereich von 0,06–0,1 %, die von Seefischen im Bereich von 0,16–0,28 %. Marine Fischarten sind also nur in den Grenzen von 0,1–0,2 % salzhaltiger als Süßwasserfische.

In der Praxis des Salzens der Fische vor dem eigentlichen Räuchern sind diese Differenzen zu gering, so dass sie unberücksichtigt bleiben können. Der Frischfisch, gleich ob aus dem Meer oder dem Süßwasser, ist eben ausgesprochen salzarm und daher eine bevorzugte, gesunde Kost, besonders wenn man sich zum Vergleich vergegenwärtigt, dass unser Weißbrot 0,742 %, das unbehandelte Kalbfleisch ähnlich wie der Fisch 0,126 %, Kuhmilch 0,168 % (im Gegensatz zur Muttermilch mit 0,059 %), dagegen unsere Wurst 2–3,5 %, Schinken bis 4 %, Edamer Käse 1,945 % Salz enthalten. Zwar liegt der Salzgehalt des behandelten, z. B. geräucherten Fisches höher, wird aber im Höchstfalle kaum 2 % übersteigen.

„Hartgesalzen“ sind Fischteile mit einem Salzgehalt von mehr als 20 g in 100 g Fischgewebewassers, „mildgesalzen“ solche mit einem Salzgehalt von mindestens 6 g, jedoch höchstens 20 g in 100 g Fischgewebewasser (aus „Leitsätze“ für gesalzene Fische). Zur besseren Haltbarkeit salzt man in der Fischindustrie an der Küste stärker. So hat der Bückling 3 %, die Sprotten haben aber nur 2 %, der Aal, die Makrele, der Rotbarsch und der Katfisch (beide in Stücken) nur 1 %. Der Kabeljau (Dorsch) wird zum besseren Geschmack bis 3 % gesalzen. Lediglich die ausgesprochenen „Salzfische“ haben durch Einsalzen höhere Prozente, so der Matjes bis 10 %, der eigentliche Salzhering bis 15 %. Beide werden, wie bekannt, vor dem Verzehr gewässert, der Salzgehalt also wieder herabgesetzt.

Der geräucherte Fisch, wie man ihn sich selbst zubereitet, ist jedenfalls salzärmer als der Wurstbelag, den wir uns aus dem Warmblutfleisch leisten.

Was die Räuchermethode von Seefischen betrifft, so entspricht sie gänzlich der bisher geschilderten bei Süßwasserfischen. Sie unterscheidet sich weder in der Vorbereitung (Waschen, Ausnehmen, Salzen etc.) noch im eigentlichen Räuchervorgang. Lediglich beim Ausnehmen von Plattfischen (Flundern, Schollen, Steinbutt) ist für den Binnenländer zur Anatomie dieser Nutzfische zu erwähnen, was dem Küstenbewohner selbstverständlich bekannt ist, dass die Eingeweide hinter den Kiemenbögen beginnen und bereits bald danach enden, denn der After dieser Fische liegt wie stets bei den Fischen vor der Afterflosse. Diese reicht weit zum Kopf hin. Die beiden langen Flossen an den „Seiten“ dieser Fische sind bekanntlich die Rückenflosse und die Afterflosse. Diese Fischarten haben sich im Laufe ihrer Entwicklung „auf die Seite gelegt“. Durch die im Vergleich zur Körperlänge kurze Partie des Darmtraktes brauchen diese Fische praktisch nur „gekehlt“ zu werden.

Um eine Geschmacksbeeinträchtigung zu vermeiden, sollten die Kiemen besser entfernt werden, was in der Fischindustrie nicht immmer berücksichtigt wird.

Würzen

Es gibt Fischarten, die einen stark ausgeprägten Artgeschmack haben oder ein arteigenes Aroma besitzen, wie z. B. die Äsche, die Renke, der Karpfen, die Forelle, der Hecht und der Aal. Diese Besonderheiten sollte man nicht verfälschen, sondern bestehen lassen. Die Wahl des Räucherholzes gibt schon ein spezielles Raucharoma.

Andere Fischarten, speziell unter den Weißfischen, lassen im Geschmack und Geruch eine artbedingte Eigenart weniger stark erkennnen. In diesen Fällen ist eine Verfeinerung angebracht. Die Mittel oder Kräuter, mitunter fertige Kräutermischungen, wie sie die Hausfrau zur Zubereitung von Speisen, Sud oder Saucen verwendet, können am besten der Salzlösung beim Salzen des Fisches vor dem Räuchern beigegeben werden.

Es ist zweckmäßig, diese Mittel vor dem Einbringen in die Salzlösung zu überbrühen, um eine bessere Wirkung zu erzielen. Als Auswahl beim Würzen bietet sich eine breite Palette geeigneter Mittel in fester und flüssiger Form an. In der Fischindustrie werden sie bei der Herstellung von Marinaden, Konserven, Fischpasten und speziell bei der Konservierung von Fischwaren aus Rogen benutzt.

Wer das Würzen bevorzugt, hat seinem eigenen Geschmack entsprechend ein bestimmtes Rezept, mitunter ein Gemisch, auf das er stolz ist und das er nicht gern preisgibt. Wer Räucherfische in Verkehr bringt, gibt seiner Ware mit speziellem Räucherholz ein besonderes Aroma und mit Gewürzen oder manchmal mit Fruchtsäften einen eigenen Geschmack, um seine Kundschaft zu halten, zu begeistern und so eine zusätzliche Werbung zu haben. Der Konsument stellt sich beim Kauf so behandelter Fische auf die ihm besonders empfohlene Geschmacksrichtung ein und will sie beibehalten. Würzen ist oft Gewohnheitssache. Wer Thymian schätzt, das stets den Anchoven zugesetzt wird, kann es bei seinen Fischen ebenfalls tun. Wer auf „Aal grün mit Dill" z. B. an der Küste eingestellt ist, wählt dieses Pfefferkraut bereits als Zusatz beim Salzen oder Wässern. Dosierungen anzugeben, ist gewagt; denn über Geschmack soll man nicht streiten. Es empfiehlt sich, in dieser Frage eigene Erfahrungen zu sammeln und sie gegebenenfalls mit seiner Kundschaft oder im Kreis seiner Freunde zu diskutieren, wobei man den Rat und Geschmack einer guten Hausfrau nicht in den Wind schlagen sollte, zumal sie umfangreiche Kenntnisse auf diesem Gebiet haben dürfte. Es stammen nämlich viele Würzen aus dem Repertoire der Kochfrau und der Fischindustrie, wie Bohnenkraut, Paprika, indischer Curry und Kümmel (beide zu Fettfischen), Fenchel, kleine Kapern und Muskatnuss, Salbei, für das Aroma Koriander und Basilikum u. a. So gibt es zahlreiche Möglichkeiten. Grund genug, hier zu experimentieren. Es sind auch fertige Gewürzmischungen auf dem Markt. So hat die Fa. Kahler Gewürze GmbH, Berlin, spezielle fertige Gewürzmischungen für Fische in ihrem Lieferprogramm, die sich beim Räuchern verwenden lassen.

Waschen und Trocknen

Mit dem Salzen der Fische sind die eigentlichen Vorbereitungsarbeiten zum Räuchern beendet.

Es darf aber nicht vergessen werden, alle trocken- oder nassgesalzenen Fische mehrmals gründlich zu waschen. Das geschieht am besten, wenn die Fische in einer seitlich gelochten Plastikwanne zuerst scharf mit einem Wasserstrahl aus dem Schlauch abgespritzt und anschließend mehrmals gewaschen werden. Nach dem gewissenhaften Säubern, das auch das Innere des Fisches erfassen muss, werden sie noch einmal unmittelbar vor dem Einhängen in den Räucherofen mit frischem Wasser abgesprüht oder kurz in frisches Wasser getaucht.

Fische und Fischteile sind nach dem Aufreihen auf die Räucherspieße sorgfältig mit Trinkwasser abzubrausen.

Bei diesen Arbeitsvorgängen sind Verluste von Fischschuppen zu vermeiden.

Nach dem Abspülen der Fische wird nun nach verschiedenen Methoden verfahren. Der eine lässt die Fische erst richtig abtrocknen, bevor er sie in den Räucherofen hängt. Der andere schickt sie sofort in den Ofen. Letzterer liebt mehr einen etwas zarteren Fisch, der andere einen festeren. Der zuvor getrocknete Fisch nimmt beim Räuchern eine dunklere Färbung an. Der nicht trocken eingehängte Fisch wird heller bleiben und bekommt die gern gesehene goldgelbe Tönung. Leider fallen nass eingehängte Fische leicht ab und werden beim Räuchern häufig „beißig". Die Qualität der Räucherware aus nass eingehängten Fischen fällt am besten aus, wenn anfangs nur mit warmer Luft, nicht mit Rauch getrocknet wird.

Fischgrößen und Teilstücke

Was die Größe der Fische zum Räuchern betrifft, so sollten nach Möglichkeit für einen Räuchergang gleich große Fische derselben Art ausgesucht werden. Das vereinfacht ein gleichmäßiges Durchräuchern. Gleiche Fischgröße ist aber nicht unbedingt erforderlich. Es lassen sich verschiedene Arten und Größen zugleich räuchern. Nur ist dann auf die unterschiedlichen Gare- und Räucherzeiten zu achten. Die Entnahme aus dem Räucherofen muss in diesen Fällen zu verschiedenen Zeiten erfolgen.
Aale werden als ganzer Fisch geräuchert. Forellen und Renken werden ebenfalls ungeteilt geräuchert, wenn sie als Portionsfisch bis 300 g oder höchstens 400 g wiegen. Karpfen und Brachsen, die nicht mehr als 750 g wiegen, werden gleichfalls als ganzer Fisch geräuchert. Größere Exemplare dieser oder anderer Arten halbiert man am besten längs (flecken[1]), und zwar so, dass beide Körperhälften mit je einem halbierten Kopf und einem längsgeteilten Schwanz versehen bleiben. Die Fischer am Chiemsee, bei denen es schon fast eine Tradition ist, Brachsen zu räuchern, haben hier eine spezielle Methode der Spaltung entwickelt. Der entschuppte, nicht ausgenommene Brachsen wird flach auf den Tisch gelegt und der Rücken mit einem nicht zu langen Messer vom Kopf beginnend zum Schwanzende längs der Mittelgräte aufgeschnitten. Am Ende der Leibeshöhle angelangt, schiebt man in Höhe des Afters das Messer durch den Fischkörper. Schwanzende und Schwanzflossen werden halbiert, anschließend die Bauchgräten von hinten zum Kopf zu durchgeschnitten. Das Messer darf nicht in die Leibeshöhle eindringen, da sonst die Innereien (Eingeweide) zerschnitten würden.
Der Fisch wird nun auf den Bauch gestellt und die obere Hälfte des Kopfes mit einem Messer, besser mit einer Schlachtschere, halbiert. Der Unterkiefer bleibt ungeteilt. Jetzt erst werden die Eingeweide und die Kiemen entfernt.
Damit sich die beiden Körperhälften besser aufklappen und in einer Ebene aufhängen lassen, wird die noch geschlossen gebliebene Bauchseite vom After bis zu den Bauchflossen aufgeschnitten. Nur der Unterkiefer und der vordere, untere Bauchrand halten die beiden Stücke zusammen. Beide Körperhälften werden nun mit je einem Doppelhaken in gleicher Höhe aufgehängt. Nach dem Räuchern und Auskühlen lassen sich die Hälften zusammenklappen.

[1] Flecken ist in der Fachsprache das Spalten der Fische vom Rücken aus, so dass die Hälften an der Bauchseite miteinander verbunden bleiben. Der Fisch behält Rückengräte und Schwanzflosse.

Abb. 25 Teilstücke vom Karpfen hängen im Rauch.

Abb. 26 Karpfen einmal anders: Hälften und Kotelett fertig geräuchert.
Fotos: K.-H. Zeitler

Auch quergeschnittene Fischstücke (Koteletts[1]) eignen sich gut zum Räuchern. Das ist dem Konsumenten aus der Kabeljauräucherei an der Küste bekannt und wird bei Süßwasserfischen, vor allem beim Karpfen, angewendet. Alle anderen Fischarten werden je nach Größe und Gewicht dem Bedarf entsprechend zubereitet, d. h. meist in Stücke geschnitten.

[1] Koteletts, Karbonaden sind vertikal zur Wirbelsäule in gleichmäßige Scheiben geschnittene Fischstücke.

Einfache Räuchergeräte

Das Räuchern von Fischen ist ebenso alt wie das Trocknen und Einsalzen von Fischen. Ohne die Rauchbestandteile nach ihren Substanzen zu kennen, kannte man frühzeitig die konservierende Wirkung des Rauches. In neuerer Zeit hat die Wissenschaft den Rauch näher untersucht und dann keimhemmende Stoffe festgestellt. Es sind in erster Linie Formaldehyd, flüchtige Fettsäuren, Guajacol und seine Abkömmlinge, Kreosol, Pyrogallol u. a. Der Prozess des Räucherns erreicht keine unbegrenzte Haltbarmachung des Fischfleisches. Die Rauchmengen, die an Fischhaut und Fischfleisch appliziert werden, sind gering und hängen in erster Linie von der Dauer des Räucherprozesses ab. Fische, die bei nicht so hohen Wärmegraden, aber dafür längere Zeit geräuchert („kaltgeräuchert") werden, sind, ebenso wie stärker gesalzene Fische, länger haltbar.

„Heißgeräucherte" Fische werden mit frisch entwickeltem Rauch und einer Wärmeeinwirkung von über 60 °C im Kern, „kaltgeräucherte" Fische bei einer Wärmeeinwirkung von unter 30 °C hergestellt (aus den „Leitsätzen").

Eine wenigstens anfänglich erzeugte hohe Temperatur ist stets erforderlich, um die notwendige Gare der Fische und, was heutzutage beachtet werden muss, eine Abtötung eventueller Parasiten zu erreichen. Anschließend wird reichlich Rauch gegeben, um die schöne, meist goldgelbe Färbung, das Raucharoma

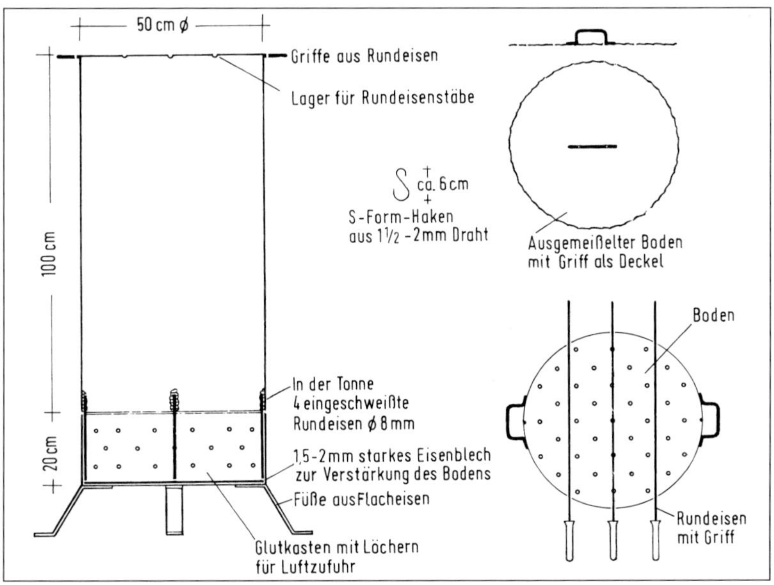

Abb. 27 Selbst gebauter Räucherofen aus einer Öltonne

Abb. 28 Im 200-Liter-Fass lassen sich alle gängigen Fischarten einschließlich Aal recht gut räuchern. Foto: J. Lorenz

und den bestimmten Geschmack zu bewirken. Die beiden Prozesse des anfänglichen Garmachens und die anschließende Rauchgebung sind in der Behandlung zu unterscheiden. Sie wurden schon seit den Anfängen des Räucherns beachtet. Beide Vorgänge lassen sich in größeren Räuchergeräten moderner Art durch entsprechende Einrichtungen leichter regulieren als früher und nacheinander durchführen. Bei Kleinstgeräten sind die beiden Vorgänge zeitlich nicht so gut zu trennen und müssen durch Ausprobieren aufeinander abgestimmt werden.

Das Fischräuchern ist ursprünglich an der Küste zu Hause gewesen. Dort hatten erst einzelne, dann zahlreiche Küstenfischer primitive Räuchereinrichtungen wie Holztonnen und kleine Öfen aus Ziegeln errichtet und ihre frisch gefangenen Fische geräuchert. Hygienische Bedenken brauchte man damals nicht zu haben, denn Kraftfahrzeuge, die Staub aufwirbelten und Abgase erzeugten, gab es noch nicht. Die klare Seeluft enthielt keine Krankheitserreger, ebenso waren die Fische aus den nicht verunreinigten Gewässern parasitenfrei, der Sandboden war sauber. Lediglich zu star-

Abb. 29 Die Kleintonne eignet sich für das Räuchern von Fischen in Portionsgrößen. Für Aale nicht einsetzbar. Foto: J. Lorenz

ker Wind konnte nachteilig sein. Schon bald entstanden Großanlagen auf genossenschaftlicher oder privater Basis, und der Räucherfisch wurde ins Binnenland versandt. Berufsfischer an Seen und Flüssen in Küstennähe folgten mit ihren Erzeugnissen dem Beispiel an der Küste. Erst nach dem letzten Krieg begannen dann die Seenfischer in Süddeutschland, das Fischräuchern aufzugreifen.
Wie erwähnt, erfährt der Interessentenkreis am Fischräuchern durch die Angler und neuerdings in der Gastronomie eine explosionsartige Erweiterung. Zur Erzeugung der Hitze werden heute an Stelle des offenen Holzfeuers Gas, Öl oder elektrischer Strom als Energiequelle benutzt. Zur Rauchentwicklung wird Holzmaterial weiterhin in verschiedener Form als Späne oder Holzmehl gebraucht.
Vereinzelt findet man heute noch immer primitive, kleine Räuchereinrichtungen in privater Hand. Diese selbst gebauten Räucheröfen verraten Geschicklichkeit und Erfindersinn des Erbauers. In den meisten Fällen setzt die eigene Anfertigung eine Werkstätte mit Schweißapparat u.a. voraus, die nicht immer vorhanden ist. Der einfache Räucherofen aus 2 Öltonnen oder

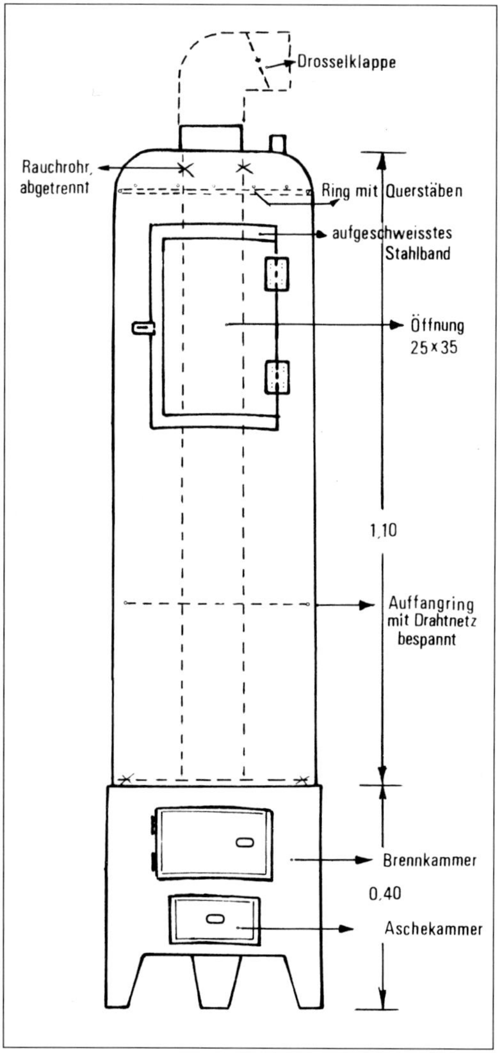

Abb. 30 Selbstgebauter Räucherofen aus einem alten Badeofen

aus einem Badeofen, wie ihn Klaus Schwerdel und Horst Wilke sich gebastelt haben, erhebt Anspruch auf Originalität, wird aber nicht unbedingt jedermanns Sache sein.

Wenn nicht äußerste Sparsamkeit zu einer solchen Selbsthilfe zwingt, wird man im Allgemeinen doch für sein Hobby zu finanziellen Opfern bereit sein und sich ein fertiges Kleingerät zum Räuchern anschaffen. Die Vielfalt der Angebote verlockt dazu.

Fachzeitschriften berichten auch über einfache Räuchereinrichtungen für den Anfang in Form einer Tonne, eines Kanisters oder sogar eines Gurkeneimers ohne Deckel und Boden, worin die geangelten Fische gleich am Fangplatz oder im eigenen Garten geräuchert werden. Schon diese primitiven Räuchereinrichtungen haben Holzfeuerung wie viele der modernen, fabrikmäßig hergestellten Räucheröfen. Die Wahl des Holzes nach Art und Stückgröße ist für den Räuchererfolg ausschlaggebend.

Von weiteren Selbstkonstruktionen sei hier noch das Räucherrohr, erdacht und erprobt von Günter Geiß, Fischerweg 45a, 84547 Emmerting, erwähnt, das sich leicht selbst bauen lässt und für die Eigenbedarfsräucherei gedacht ist. Zur Herstellung benötigt man ein Rohr aus verzinktem Blech oder V2A-Stahl mit den Maßen 100 × 20 cm. Das Rohr lässt sich auch aus einem Blech der Größe 100 × 65 cm herstellen, indem das Blech zu einer Rolle gebogen wird und etwa 2–3 cm überlappt. Man bringt nun in einem Abstand von etwa 25 cm Löcher an und verschraubt die beiden Teile mit Blechschrauben. Das Rohr lässt sich für vertikale oder horizontale Räucherung verwenden.

Zum vertikalen Räuchern werden am oberen Rand mit der Blechschere je zwei sich gegenüberliegende Kerben geschnitten, in die ein Holzkreuz eingelegt werden kann, an dem die Räucherfische mit Schnüren aufgehängt werden. Für das untere Ende wird ein Blechdeckel mit nach oben geborteltem Rand angefertigt, der das Räuchermehl aufnimmt. Die Fische werden eingehängt und das obere Ende mit

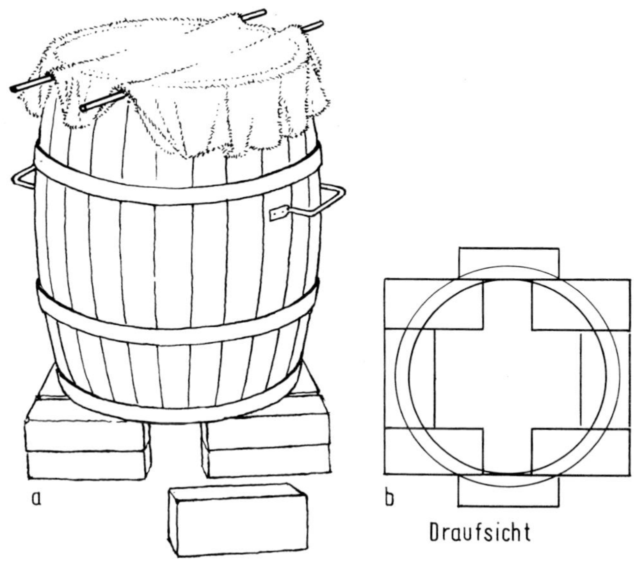

Abb. 31 Räuchertonne. Tonne ohne Boden und Deckel. Fundament aus 14 Mauersteinen. 2 Steine zur Luftregulierung. Mit feuchtem Sack abgedeckt.

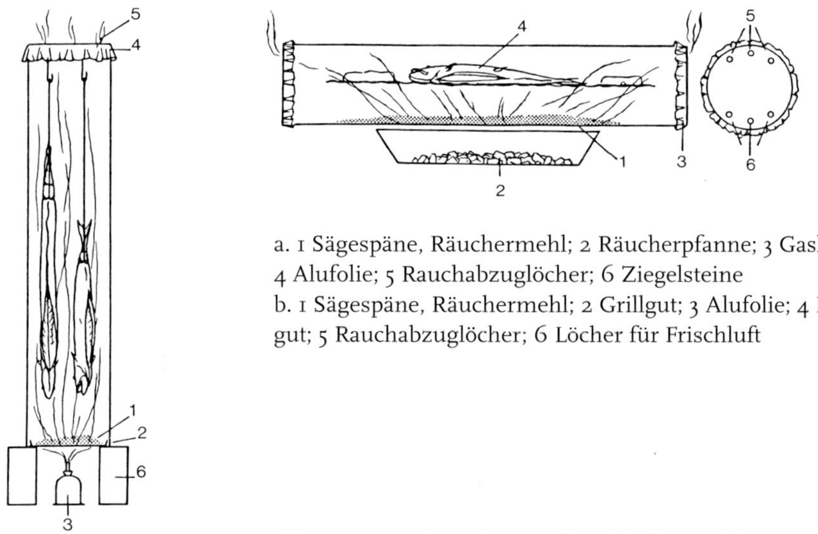

a. 1 Sägespäne, Räuchermehl; 2 Räucherpfanne; 3 Gaskartusche; 4 Alufolie; 5 Rauchabzuglöcher; 6 Ziegelsteine
b. 1 Sägespäne, Räuchermehl; 2 Grillgut; 3 Alufolie; 4 Räuchergut; 5 Rauchabzuglöcher; 6 Löcher für Frischluft

Abb. 32 Räucherrohr, a. stehend, b. liegend in Betrieb

Alufolie, die mit Rauchabzugslöchern versehen ist, abgedeckt. Als Heizung für das Räucherrohr dient ein Grill oder eine Gaskartusche. Dazu stellt man das Rohr auf Ziegelsteine, um die Heizquelle unter das Rohr bringen zu können.

Für horizontales Räuchern, das besonders für Fischfilets zu empfehlen ist, benötigt der Räucherer noch ein grobmaschiges, V2A-Stahl-Drahtgitter mit den Außenmaßen 80 cm × Rohrdurchmesser. Die abgeschnittenen Drahtenden werden mit einer Zange zurückgebogen, damit sich das Gitter beim Einfahren in das Rohr nicht sperrt. Eine gewisse Stabilität des Gitters ist empfehlenswert, damit es sich bei Belastung nicht allzu leicht verbiegt.

Räuchermittel

Man strebt heute technische Vereinfachung an, will von der Verwendung von Räucherholz und damit vom offenen Feuer zur erforderlichen Hitzegewinnung abkommen und Gas oder elektrischen Strom benutzen. Liebhaber des Fischräucherns und der Räucherware halten aber im Allgemeinen an der „Kaminstimmung“ fest. Der Seenfischer hat das richtige Räucherholz leicht zur Verfügung, der Forellenzüchter ebenfalls. Entscheidend ist die Einstellung des Verbrauchers, der im Allgemeinen an der Ansicht festhält: Das Erhitzen und Räuchern mit Holz gibt den besten Rauchgeschmack!

Der Frage nach der Auswahl des am besten geeigneten Räucherholzes kommt für den Räucherer besondere Bedeutung zu.

Es gilt allgemein der Grundsatz, zum Räuchern von Fischen nur harzfreies Laubholz zu verwenden. Das Holz von Buchen, Eichen, Ahorn und Erlen wird bevorzugt. Das Holz von Kastanien und Pappeln wie auch von Obstbäumen ist ebenso geeignet wie von Eschen und Weiden. Birkenholz eignet sich wegen hohen Teergehalts nicht zum Räuchern. Die durch den Beschnitt zeitweise anfallenden Zweige von Reben in Winzergegenden und besonders ein Zusatz von Wacholderholz einschließlich der Beeren geben den geräucherten Fischen einen besonders würzigen Geschmack. Ein sehr gutes Räucherergebnis in Geschmack und Farbe lässt sich mit Holz und Spanmaterial der Weißbuche erzielen. Im Gegensatz zur Rot-

Abb. 33 Räucherzubehör. Foto: K.-H. Zeitler

buche sind Schnittbild und damit auch der Span der Weißbuche farblich nicht grau-rosa, sondern hellgrau. Die Beschaffung von Weißbuchenholz ist nicht sehr schwierig. Bei Wochenendfahrten über Land hält man in Vorgärten oder Höfen Ausschau nach aufgeschichteten Feuerholzstapeln. Gar nicht so selten wird auch heute noch bzw. wieder gerade diese Holzart in Öfen und Kaminen verfeuert. Bietet der Gelegenheitsräucherer dem Besitzer in einem freundlichen Gespräch zum Tausch einige leckere Räucherfische an, kann er sich oftmals den ganzen Jahresbedarf an Holz- und Spanmaterial sichern und wird zudem noch für die Zukunft als Interessent vorgemerkt.

Von der Firma Kahler-Gewürze GmbH, Germaniastr. 29–30, 12099 Berlin, wird ein Räucherpulver „Rot" mit Würzhölzern aus den Wäldern des Amazonas hergestellt. Mit diesem Räucherpulver erreicht man eine besonders effektvolle Räucherfarbe, eine Räucherzeitverkürzung und eine zusätzliche Aromatisierung. Auch in der Fleischwarenindustrie wird es äußerst erfolgreich verwendet. Sehr gute Räuchereffekte werden damit auch in der Fischräucherei erzielt. Die gleiche Firma hat auch ihr Programm von Gewürzspezialitäten auf das Fischwürzen erweitert, so dass zu einem Gabelbissengewürz, Fischaufstreugewürz, grobes Fischgewürz, Fischeinlegegewürz auch ein in Portionen abgepacktes Würzpräparat für Forelle blau und Grillforelle hinzukommt.

Die Fa. Günter Springer Spanholz GmbH, Postfach 1233, 28802 Stuhr (bei Bremen), stellt unter der Bezeichnung Springer „Golden Smoke" Räuchermehle und Räucherhackschnitzel sowie alle dazugehörenden Nebenartikel wie Reibrauchstäbe und Räucherholz sowie lebensmittelrechtlich zugelassene Zusätze zum Räuchern her. So kann Räuchermehl aus Wacholder-, Buchen-, Erlen-, Eichen-, Kiefern-, Birken-, Orangen- und Hickoryholz bezogen werden. Als Zusatzmittel für das Fischräuchern wurde als spezielles Produkt „Landrauch Rot" entwickelt. Es ist in 10- und 25-kg-Säcken erhältlich und wird im Verhältnis von 1 : 5 bis 1 : 8 mit Sägespänen vermischt.

Für den Hobbyräucherer sowie für die gastronomischen Betriebe wird ein Kleinpack-Format (2 × 100 g) Gewürz-Räuchermehl – naturrein – empfohlen.

Eine interessante Neuentwicklung ist der produzierte Flüssigrauch zum Versprühen, Duschen oder Tauchen. Das Produkt wird vorläufig hauptsächlich in der gewerblichen Räucherei eingesetzt. Funktion, Wirtschaftlichkeit und erzielte Produktqualität machen das Verfahren „Flüssigrauch" zu einem zukunftsorientierten Mittel der Räucherbehandlung. Auf dem Markt ist das Bastra-Flüssigrauch-System.

Gebrauchsmuster 296 18833.6 Deutsches Patentamt 12.121996 der Fa. Bayha & Strackbein GmbH, 59759 Arnsberg/OT Hüsten.

Sobald Flüssigrauch auch in Kleinmengen auf dem Markt erhältlich ist, wird er auch für den Kleinverbraucher zum Fischräuchern eine Ergänzung zum herkömmlich entwickelten Rauch sein, da mit Flüssigrauch nach der Trocken- und Garzeit der dann noch folgende Räuchervorgang in 8–10 Sekunden abgeschlossen ist.

Harzende Nadelhölzer wie Kiefern und Fichten sollten nicht genommen werden. Sie gelten wegen starker Rußbildung und terpentinhaltiger Bestandteile als ungeeignet und liefern nicht den gewünschten Wohlgeschmack. Es gilt: Jede Holzart gibt dem Fisch einen speziellen Rauchgeschmack.

Exakte, wissenschaftliche Untersuchungen im Ausland haben neuerdings diese Ansicht nicht voll unterstützt. Es gilt zunächst als erwiesen, dass Späne von allen Weichholzarten

ohne Beeinträchtigung der Qualität verwendet werden können.
Nach zahlreichen Untersuchungen hat Tilgner den Rauch aus Eichen-, Buchen- und Ahornholzspänen als am besten bewertet, den Rauch aus Kiefern- und Birkenholzspänen fast gleich hoch, dagegen den Rauch aus Erlen-, Espen- oder Fichtenholzspänen nicht so gut („weniger wünschenswert").
Ruß hat Ähnliches festgestellt, dass nämlich der Rauch von Hartholz nicht dem des Weichholzes, Birke und Kiefer, überlegen ist. In beiden Fällen wurde der Rauch zur Untersuchung außerhalb einer Räucherkammer erzeugt, was in der Praxis der Heißräucherung nur in Großanlagen mitunter der Fall ist. Für die übliche Räucherform sollte in der Auswahl der Holzarten an den bisherigen Erfahrungen der Praxis festgehalten werden. Große Holzstücke dienen zum Erhitzen, Holzspäne und Sägemehl zur Rauchentwicklung.
Unterschiede der Rauchart sollten nicht überbewertet werden, wie z. B. bei der Auswahl und dem Bezug von Sägespänen und Sägemehl, wenn keine Sägewerke als Lieferanten von reinem Sägemehl einer einzigen gewünschten Holzart, sondern nur von Sägemehlgemischen von Hart- und Weichholz zur Verfügung stehen. Wie erwähnt, dürften neue Lieferanten von speziellen Räuchermehlen zu erwarten sein.
Was die Beschaffenheit und Güte des Holzes anbetrifft, so sollten die Hölzer trocken und frei von Pilzen sein. Das Sägemehl darf nicht durch unsachgemäße und feuchte Lagerung muffig oder gar schimmlig werden. Nasses Holz mit Rinde hat je nach Art mehr oder weniger nicht empfehlenswerte bis schädliche Gerbstoffe, die bei der Verbrennung verdunsten und mit dem Rauch an die Haut der Fische kommen, dort haften bleiben und dem Fisch einen bitteren Geschmack verleihen können.
Hölzer, die mit Farbe angestrichen, geleimt, mit Klebstoffen bestrichen oder in anderer Weise präpariert waren, wie furnierte Platten, sind zum Räuchern ungeeignet. Sie sind zum Räuchern von Lebensmitteln ohnehin nicht zugelassen. Zugelassen ist nur der frisch entwickelte Rauch aus naturbelassenen Hölzern und Zweigen, Heidekraut und Nadelholzsamenständen, auch unter Mitverwendung von Gewürzen.
Bei den wissenschaftlichen Untersuchungen der zuvor genannten Autoren hat sich ferner gezeigt, dass die Wahl der Holzart Einfluss auf die Färbung der Rauchware hat. Der Rauch von Weichholz färbt schneller, und die erzielte Farbe wirkt ansprechender.
Der thermische Wirkungsgrad ist bei offener Verbrennung im Räucherofen nicht rationell, das muss zugegeben werden. Ein Teil der Wärme bleibt ungenutzt, indem er entweicht. Bei ungenügender Kontrolle kann es zum Verbrennen der Ware kommen. Das abtropfende Fischfett verbrennt, daher ist besonders zu Beginn des Räucherns häufigere Kontrolle erforderlich.
Andere Energieformen zur Hitzeerzeugung, wie Gas und elektrischer Strom, haben ihrerseits gewisse Vorteile. Sie sind risikoärmer und rationeller in der Wärme- und Rauchführung bei Thermostat-Steuerung. Brenner oder Heizplatten werden mit ihren Auflagen der Größe des Ofens angepasst. Hier genügt Sägemehl zur Wärmehaltung und eigentlichen Rauchentwicklung.
Sägemehl ergibt eine wesentlich stärkere Rauchentwicklung als kleingehackte Holzspäne. Grundmehle von Buchen, Erlen und Eschen werden bevorzugt. Ein Verschnitt mit Wacholdermehl kann sehr empfohlen werden.
In einzelnen Gegenden ist es früher üblich gewesen, Torf als Räuchermaterial zu verwenden. Das ist grundsätzlich nicht mehr

zulässig und auch gar nicht ratsam, weil sich bei dieser Verbrennung krebserregende Stoffe bilden, die gesundheitsgefährdend wirken können.

Moderne Räuchereinrichtungen

Die Anschaffung und Bevorzugung eines bestimmten Fischräuchergerätes richtet sich in erster Linie nach der Fischmenge, die geräuchert werden soll. Der Angler will seinen frisch gefangenen Fisch am Abend des Fangtages räuchern und ihn auch frisch essen. Für ihn reicht ein kleines Räuchergerät vollkommmen aus.

In der modernen Gastronomie will manch ein Gast eine soeben geräucherte Forelle noch warm vorgesetzt erhalten. Deshalb ist dieser Kleingerätetyp neuerdings auch von Hoteliers gefragt. Der Gast verzichtet auf Eile und wartet gern eine gute Viertelstunde auf den Genuss. Ganz frisch geräuchert, das ist in zunehmendem Maße die Devise des Kunden, und der Gastronom bietet für diesen Fall als Besonderheit soeben frisch geräucherte Forellen als Spezialität des Hauses an.

In Vereinsheimen wird der erfolgreiche Fangtag häufig mit dem Genuss des frisch geräucherten Fanges beendet, der Fisch im fröhlichen Kreis „totgetrunken"!

Die moderne Hausfrau will ihren Gästen eine Besonderheit bieten und bringt die selbst geräucherten Fische auf den Tisch oder räuchert sie vor den Gästen auf einer „Gartenparty".

In allen diesen Fällen werden Kleingeräte benötigt, die nur zu besonderen Anlässen, also nicht ständig benutzt werden.

Kleingeräte

Hier haben sich die kleinen Räuchergeräte wie die von ABU, Balzer, DAM, Cormoran und andere (die Aufstellungen erheben keinen Anspruch auf Vollständigkeit) bewährt. Sie sind ca. 28–41 cm lang, 16–26 cm breit und 8–12 cm hoch. Sie werden aus einem Aluminiumstück gepresst, emailliert oder eloxal behandelt und sind in der Arbeitsweise gleich. Um die Reinigungsarbeit zu erleichtern, sind auch teflonbeschichtete Modelle auf dem Markt. Die handlichen Tischgeräte reichen für mindestens zwei Portionsfische von 200–300 g, beim vergrößerten Modell für 3–4, 5–6 und maximal für 10–12 Stück aus. Sollen größere Fische wie Aal, Hecht, Zander oder Weißfische in derartigen Kleinstöfen geräuchert werden, müssen diese entsprechend der Ofenlänge in Stücke oder zu Kotelettstücken geschnitten werden. Dicke Fische muss man zusätzlich noch längs halbieren, damit sie schneller durchgaren.

Häufig werden von Angelfischern auch Kleinfische (Barsche, Plötzen, Rotfedern, Hasel, Lauben), die nicht den gesetzlichen Mindestmaßbestimmungen unterliegen, gefangen. Diese Fische eignen sich sehr gut zum Räuchern in solchen Kleinöfen. Gerade sie werden wegen ihrer Zartheit und ihres besonderen Eigengeschmacks als Bratfisch geschätzt. Im geräucherten Zustand aber sind sie eine besondere Delikatesse. Bei der Vorbereitung dieser Kleinfische wird das Trockensalzen mit einer Einwirkzeit von etwa 20–30 Minuten bevorzugt. Die Räucherzeit verkürzt sich auch hier bei 1-Schicht-Füllung auf etwa 6–8, bei 2-Schicht-Füllung auf ca. 10–12 Minuten. Dies trifft auch für alle Fischarten mit geringem Fettanteil (etwa 0,5 %) zu, wie z. B. Hecht,

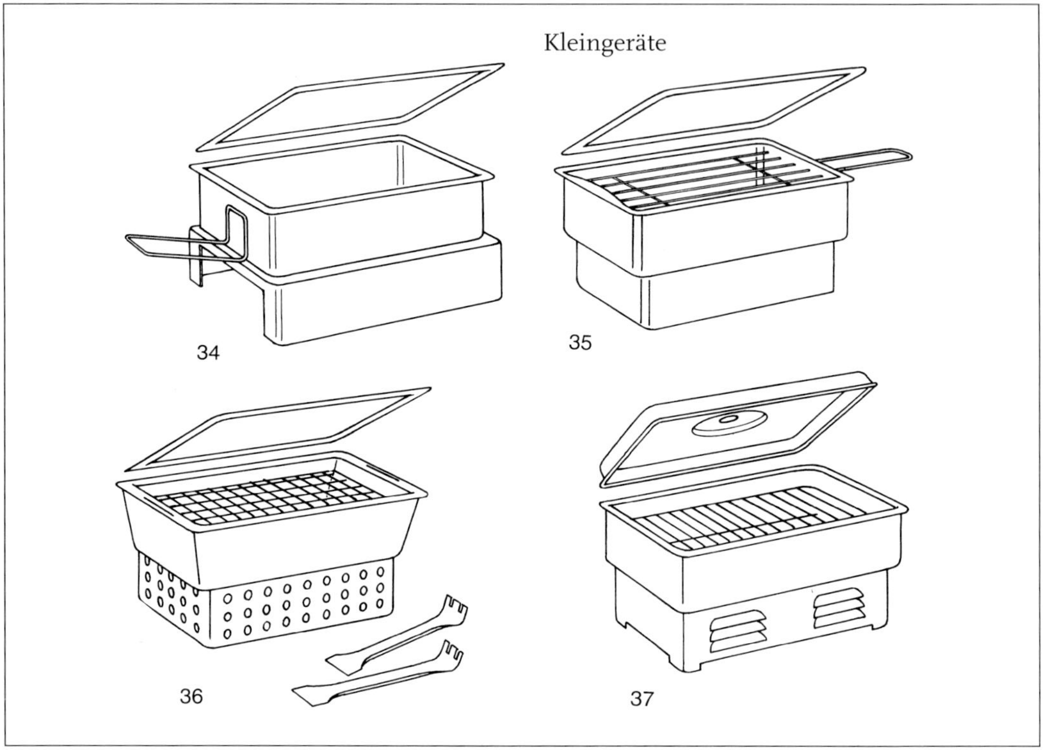

Abb. 34–37 Verschiedene kleinformatige Räuchergeräte:

34 ABU-Röken. Keinster Ofen. L 28 × B16 × H 8 cm, Gewicht 173 g. 2 Portionsfische. Räucherdauer 8–10 Min. (nicht mehr lieferbar)

35 Fa. Balzer, schwedischer Räucherofen, Aluminium.
Aus einem Stück gepresst, eloxiert bzw. emailliert

36 DAM-Räuchergrill, L 36 × B 22 × H 12 cm. Doppelrost = Räuchern in zwei Etagen

37 NDM (Supersmoker). Größter Kleinräucherofen. L 41 × B 26 × H 12 cm, Gewicht 3,4 kg

Zander, Barsch und Schleie. Der Kasten ist oben mit einem dicht schließenden Schiebedeckel versehen. Es gehören zu diesem Gerät ein niedriger Untersatz für die Feuerstelle, in diesem Falle meist für Trocken- oder Nassspiritus zur Hitzeentwicklung, und als Einlagen in den Aluminiumkasten eine Grillpfanne zum Auffangen der sich beim Erhitzen bildenden Flüssigkeiten und ein Drahtgitter zum Auflegen der vorbereiteten Fische sowie 2 kleine Hebehaken. Ferner ein transportsicherer Behälter für Spiritus und ein Säckchen mit Räuchermehl, das auf Verlangen mitgeliefert wird. Untersatz und genannte Einlagen können in dem Kasten mit Schiebedeckel aufbewahrt werden.

Die Kleingeräte liefern wohlschmeckende Räucherfische, die am besten sofort warm gegessen werden sollten. Eine längere Lagerung ist nicht zu empfehlen.

Allgemeine Gebrauchsanweisung für Kleingeräte

Die vorbereiteten, also ausgenommenen, gesäuberten, gesalzenen Fische müssen gründlich an der Luft abgetrocknet werden. Die Haut ist dann fester, der Fettverlust geringer. Den Fisch nur mit einem Tuch abzutrocknen reicht nicht aus. Wenn die Fische zu groß für dieses Kleingerät sind, können sie geteilt oder filetiert werden. Dann achtet man darauf, dass das Fischfleisch nicht unmittelbar bis an die Wände des Kastens reicht. An den Berührungsstellen würde der Fisch verkohlen und ungenießbar werden. Der Räucherkasten wird vor dem Erstgebrauch gründlich gereinigt, um das Schutzfett zu entfernen. Das Räuchermehl verteilt man gleichmäßig auf den Boden des Gerätes. Die Schicht sollte für einen Räuchervorgang bis 1/2 cm hoch sein, dies ist ein Erfahrungswert. Der Deckel wird hierbei nicht sofort geschlossen. Nachdem die Grillpfanne (Trockenblech) zuerst und dann das Drahtgitter (Räucherrost) eingelegt sind, werden die Fische so verteilt, dass der Rauch an alle Stellen des Fischkörpers gelangen kann. Der Behälter für Nassspiritus wird randvoll aufgefüllt und angezündet. Genauso gut kann man auch einige Stücke Trockenspiritus verwenden. Der Schutzdeckel des Räucherkastens wird während des Räuchervorgangs geschlosssen gehalten. Nur gleich nach Inbetriebnahme der Feuerstelle sollte für 2–3 Minuten ein Spalt offen stehen, durch den bei der Erwärmung der Wasserdampf und evtl. frei werdende Gerbstoffe entweichen können. Man vermeidet so einen bitteren und beißenden Rauchgeschmack. Nach 2–3 Minuten wird nun der Deckel ganz geschlossen, um die Gare des Fisches zu erzielen. Der Kasten steht auf einem Untersatz. Die Räucherzeit beträgt, wie erwähnt, für 1–2 Fische (1 Schicht) etwa 6–8 Minuten, für mehr Fische (2 Schichten) auf je einem Rost ca. 10–12 Minuten.
Das Gerät sollte windgeschützt aufgestellt werden. Nach Beendigung des Räucherns

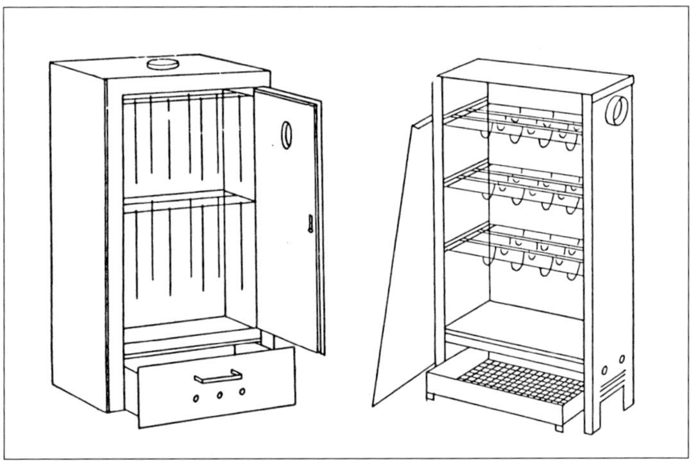

Abb. 38/39 Stehende, kastenförmige Räucheröfen:
38 Links: Beelonia-Heißräuchergerät F 1, T 40 × B 50 × H 100 cm, G. Vering. Serienmäßige Ausführungen mit Holzkohlenfeuerung
39 Rechts: Räucherofen Fa. J. und E. Peetz, senkrechtes und waagerechtes Räuchern. 4 Größen für 6, 12, und 20 Fische und 6 Aale bzw. 12 Fische

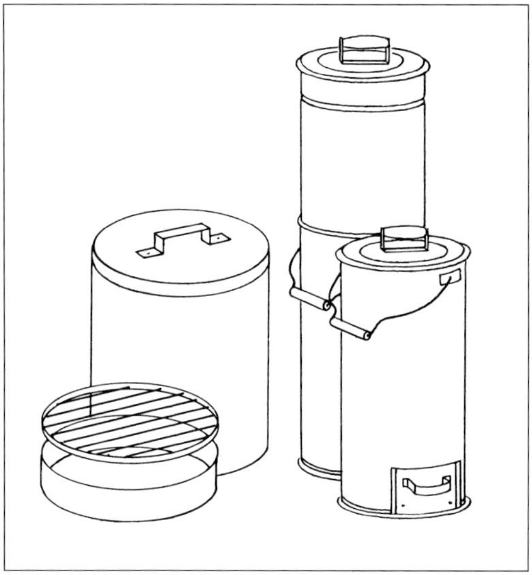

Abb. 40/41 Stehende runde Räucheröfen:
40 Links: Finnischer Räuchereimer, 21,5 cm Durchm., 30 cm hoch (dazu gibt es Aufsatzringe). Gewicht 1 kg
41 Rechts: Teleskop-Räuchertonne, DAM, 50 × 26 cm, ausgezogen 75 × 26 cm, Gewicht 5,75 kg

wird der Rost mit den geräucherten Fischen mittels der beiden Haken herausgeholt.
Wenn das Räuchern auf einem Tisch vorgenommen werden soll, ist eine feuerfeste Unterlage als Hitzeschutz erforderlich.
Man erkennt den günstigsten Zeitpunkt, das Räuchern zu beenden, am besten an der Rückenflosse, die sich jetzt sehr leicht herausziehen lässt. Der Kasten wird selbstverständlich nach jedem Gebrauch gründlich gereinigt, um Verkrustungen an den Wänden zu verhindern. Diese kleinen „Räuchergrills" sind in erster Linie für den Angelfischer gedacht, der, wie erwähnt, seinen Fisch nach dem Fang am Wasser räuchern will. Die Apparate werden auch gern in Gaststätten benutzt, die einen Fischteich, einen Kälter oder ein Aquarium besitzen. Die Gäste wollen den Fisch gern selbst in diesem Teich angeln oder sich aus dem Hälter bzw. Aquarium aussuchen. Diese kleinen Räuchereinrichtungen sind in allen Angelgeräte-Geschäften erhältlich und werden in den Fachzeitschriften durch bekannte Firmen laufend angeboten.
In Finnland ist eine solide Konstruktion gebräuchlich, die an den Fachhandel geliefert wird und wie die meisten Kleinapparate Räuchern oder Grillen ohne zusätzliche Rauchentwicklung ermöglicht. Sie hat eine zylindrische Form mit den Maßen von 30 cm in der Höhe, 21,5 cm im Durchmesser und ein Gewicht von nur 1 kg und ist zudem sehr preiswert. Sechs sternförmig montierte Metallspieße können mindestens die gleiche Anzahl 500–700 g schwerer Fische fassen, die hinter dem Kopf aufgespießt werden. So werden in einem Vorgang bis zu 4 kg Fische geräuchert. Bei abnehmbarem, dicht schließendem Deckel wird der Zylinder von oben beschickt. Weißfische fallen mitunter herunter und sollten mit besonderem Haken gesichert werden. Zum Aalräuchern kann das Gerät durch zwei Aufsatzringe („Adapter") erhöht werden. Wird Grillen erwünscht, kann ein Grillrost mit fest montiertem Windschutz, der als Zweidrittel-Kreis um die offene Feuerstelle gesetzt wird, mitgeliefert werden. Das Grillgitter ist in passender Höhe über dem Feuer in einer Pfanne montierbar. Die Kammer wird zum Räuchern mit Sägemehl beschickt, als Feuerstelle kann auch ein kleiner Gas- oder Elektroherd benutzt werden. Die Teleskop-Räuchertonne der Fa. DAM ist für Portionsfische und Aale gut geeignet. Der Ofen ist bis zu 75 cm ausziehbar, so dass die Räucherkammer der Größe des Räuchergerätes angepasst werden kann. Eine Bimetallanzeige erleichtert die Temperaturkontrolle beim Gar- und Räucherprozess. Erhitzen und Rauchentwicklung können mit einem Spiri-

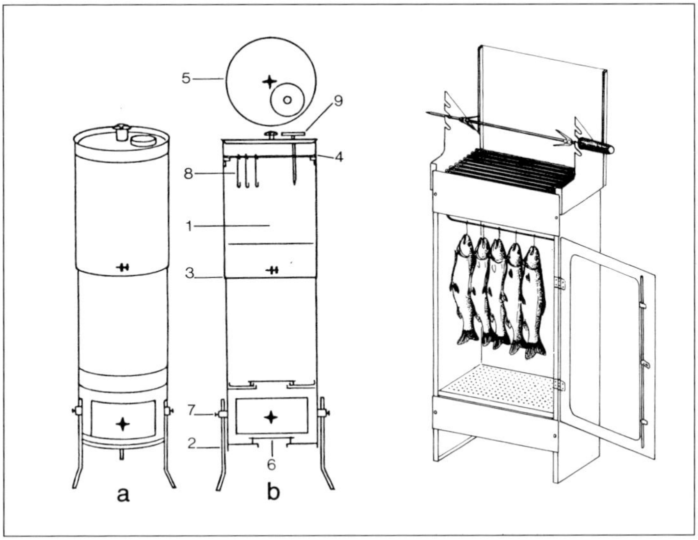

Abb. 42 Links: a. KAI-RO Räucherspaß aus Edelstahl oder Blauglanz-Stahlblech, Fa. Kaimeier. Maße 50–90 × 28 × 28 cm
b. 1 Räucherraum, 2 verstellbare Standfüße, 3 Fettfänger, 4 Räucherstangen, 5 Abschlussdeckel, 6 Feuerschubfach, 7 Stellschraube für Höhenverstellung, 8 Räucherhaken, 9 Thermometer

Abb. 43 Ganz rechts: Grillräucherofen der Fa. Feldmann Maße T 25,5 × B 35,5 × H 80 cm

tusbrenner vorgenommen werden. Die Räucherdauer beträgt etwa 25 Minuten. Das Gerät ist für unterschiedlich lange Fische geeignet. Der Rundofen KAI-RO Räucherspaß wurde von der Fa. Kaimeier, Köln, hergestellt und vertrieben. Der Ofen ist zusammenlegbar und kann stufenlos von 50 bis 90 cm ausgezogen werden, je nach Länge des Räuchergutes. Der eingebaute Fettfänger verhindert das Verbrennen von abtropfendem Fett. Als Energiequelle kann neben Holzkohle auch Gas, Spiritus oder Stromplatte verwendet werden.
Heißräucheröfen der Fa. Josef und Erich Peetz für senkrechtes und waagerechtes Räuchern aus aluminiertem Feinblech oder Nirosta, beheizbar mit Holz oder Gas, werden in 4 Größen für 6, 12 oder 20 Fische sowie für 6 Aale und 12 Fische hergestellt.
Die Fa. Bernhard Feldmann, Finnentrop-Frettter, vertreibt kastenförmige Grillräucheröfen, die mit einer Sichtscheibe ausgestattet sind. Für Aale kann ein Aal-Unterbau verwendet werden. Die Geräte können auch für Kalträuchern betrieben werden. Die Geräte arbeiten ohne Fremdheizquellen, können aber elektrisch nachgerüstet werden. Die Kapazität liegt bei 20 Fischen bzw. mit doppelstöckigem Aufbau bei maximal 40 Fischen. Die Sichtscheibe wird vor allem bei Räucherhobbyisten großen Anklang finden, da der Räuchervorgang von Anfang bis Ende beobachtet werden kann.

Elektrogeräte

Ist Netzanschluss vorhanden, haben sich elektrische Fischräuchergeräte bewährt. Sauber und einfach in der Bedienung, lässt sich mit ihnen angenehm arbeiten. Geführt werden derartige Geräte im Sortiment der Firmen Grassl, Karl von Keitz, Kronawitter und anderen. Die Geräte sind meist kastenförmig. Die Kapazität reicht von mindestens 6–8 Fischen bei den Kleingeräten über 18, 42, 80, 100, 150 bis zu 300 Fischen bei Großausführungen. Die Räuchergeräte sind außen korrosionsfest lackiert oder auch in Nirostaausführung, inn-

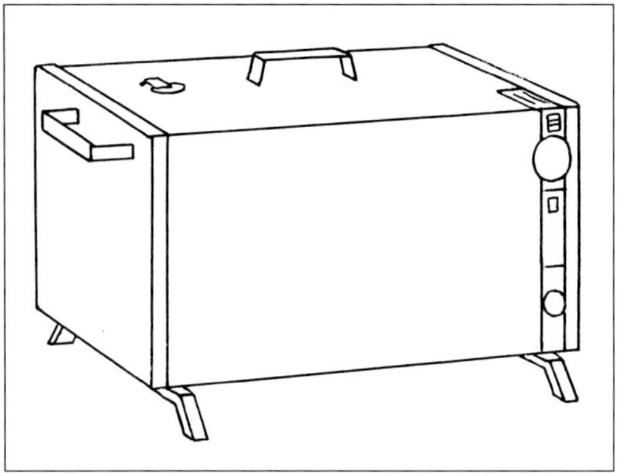

Abb. 44 Kleines elektrisches Fischräuchergerät. Fa. Kronawitter. T 46 × B 25 × H 31 cm. Kapazität 6 Fische

nen voll emailliert, und dadurch leicht sauber zu halten. Im Innern befinden sich unten eine elektrisch beheizbare Platte oder Heizstäbe, darüber die Räucherpfanne für die Sägemehlschüttung. Zwischen Räucherpfanne und Fischen liegt eine Fettauffangschale. Die kleineren Geräte sind mit Räucherrosten ausgestattet, auf die die Fische liegend in die Halter auf dem Rost mit der Bauchseite nach oben gelegt werden. Damit wird der Saft im Bauchinnern der Fische aufgefangen. Die so geräucherten Fische sind besonders saftig und speziell für den Sofortverzehr geeignet.
Bei den größeren Öfen, von einer Kapazität ab 100 Fischen aufwärts, werden die Fische mit Hilfe von Räucherhaken eingehängt. Eine genau abgestimmte Heizung sorgt für den Rauch sowie für die Hitze zum Garen. Die Geräte sind mit Thermostat ausgestattet.
Wenn in einem geschlossenen Raum, einem Zimmer oder einem Partykeller geräuchert werden soll, empfiehlt es sich, einen passenden Schlauch anzuschließen, um den Rauch aus dem Fenster oder in den Kamin zu leiten.
Die Fa. Hosto Stolz GmbH u. Co., Neunkirchen-Altenselbach, stellt die schon seit 15 Jahren bewährten Mirella-Modelle in runder und eckiger Ausführung wieder her.
Die Mirella-Geräte werden in vier Varianten, nämlich als Gourmet, Gourmet Maxi, Gourmet Lang und Gourmet Lang Maxi hergestellt. Die Kapazität liegt bei 12 bzw. 25 Portionsforellen, die Maxi-Geräte eignen sich besonders für Forellen über 300 g. Die viereckigen Geräte haben folgende Maße: Gourmet T 49 × B 47 × H 36 cm, Maxi H 41 cm. Die Lang-Modelle sind mit 88 cm Tiefe ausgelegt.
Die Geräte sind aus Edelstahl, der eine lange Haltbarkeit garantiert. Runde Innenkanten ermöglichen eine optimale Rauchzirkulation. Rauch- und Garvorgänge werden durch bedienerfreundliche Schalter in der Frontblende gesteuert und überwacht. Die Räucherzeit beträgt bei Bestückung mit Forellen ca. 15 Minuten.
Die Firma H. Ossa, Burbach, hat ein Räucher- und Grillgerät unter der Bezeichnung Helia-Smoker entwickelt, mit dem man auch in geschlossenen Räumen ohne Rauchbelästigung räuchern kann. Das Gerät wird aus Edelstahl in Doppelmantelbauweise vollisoliert gefertigt und hat deshalb kurze Aufheizzeiten und einen geringen Energiebedarf. Es gart durch indirekt erhitzte Luft im Innern der elektrischen Druckkammer. Das Gerät ist in zwei Größen lieferbar, und zwar für 24 und 48 Forellen (Gewicht 21 bzw. 27 kg). Für Karpfen und Makrelen sind spezielle Roste erhältlich. Es kann auch kalt geräuchert werden, indem man nur die Zeitschaltuhr für das Räuchermehl zuschaltet.
Einen Rundofen unter der Bezeichnung INOX (Forelle) für maximal 16 Forellen stellt die Veco AG, Waldegg, CH-8810 Horgen, her. Die Fische werden an einem runden Fischträger aufgehängt, und für den Räuchervorgang wird eine Abdeckglocke übergestülpt.
Von der Firma Kronawitter wird ein spezielles Kleingerät mit Aalaufsatz angeboten, in dem 10–15 Aale geräuchert werden können. Die

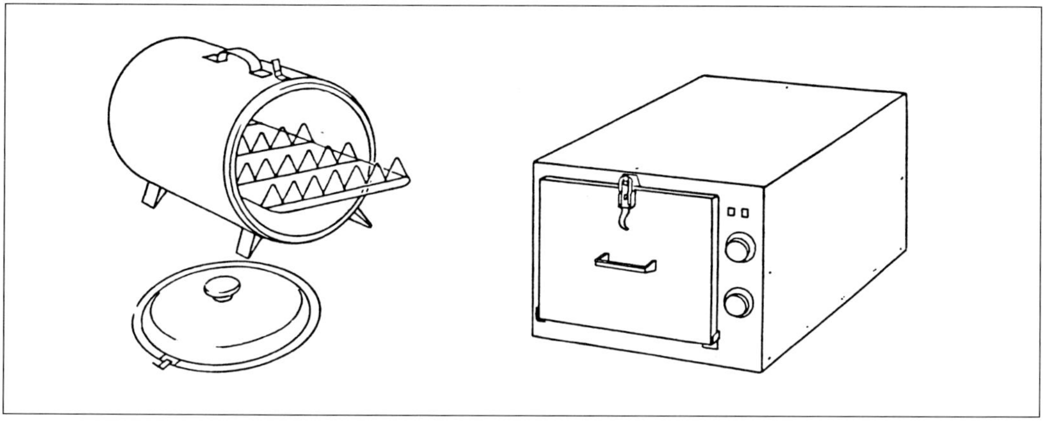

Abb. 45 Links: Mirella-Räuchergerät (Länge 62 cm, Gewicht 21 kg, 12 Forellen). Fische liegen beim Räuchern.

Abb. 46 Rechts: Helia-Smoker, Fa. Ossa, Burbach. Elektrische Druckkammer, heiß und kalt. Maße B 45 × H 35 × T 45 bzw. 85 cm, 24 bzw. 48 Fische

Elektrogeräte haben in Haushalten, Hotels und Fischerheimen viel Anklang gefunden. Spezialgaststätten können so ihren auf Fisch eingestellten Gästen eine kulinarische Besonderheit frisch und warm in kurzer Zeit servieren, und auch die Hausfrau kann ihre Partygäste damit erfreuen.

Dieser Überblick über transportable Kleingeräte mag zunächst genügen. Er kann keinen Anspruch auf Vollständigkeit erheben, da ständig neue Typen entwickelt werden und auf den Markt kommen.

Mehr für kleinere bis mittlere gewerbliche Räucherbetriebe sind schon die elektrischen Räucheröfen R 331 und R 332a der Fa. Grassl, Schönau, ausgelegt. Sie stellen vollisolierte Räucherschranke für maximal 35 bzw. 60 Fische dar. Die Öfen weisen eine doppelwandige Bauweise in Edelstahl für eine optimale Isolierung auf. Eingebaut sind eine Rauchabzugsregelung und ein Zeigerthermometer. Die Rauchschublade mit den Heizelementen ist herausziehbar, daher leicht zu reinigen und deshalb pflegeleicht. Sie kann für Holz/Holzkohle bzw. Elektro oder Gas gewählt werden. Als Sonderausstattung bei Elektroheizung ist der Einbau einer Zeitschaltuhr oder eines Thermometers möglich.

Die Fa. Siegener Räuchertechnik, Großenkneten/Halenhorst, liefert elektrische Räucherschränke für Forellen und Aale in verschiedenen Größen. Das Fassungsvermögen reicht von 20, 34 bis 60 Forellen und bis 55 Aale. Für die Modelle RE 45 und RE 55 wird ein Rauchentwickler-Zusatzgerät zum Kalträuchern angeboten. Durch einen Heizwiderstand (500 W) wird das Räuchermehl in dem Gerät zum Räuchern gebracht. Mit einer Schubladenfülllung kann bis zu 24 Stunden bei 30 °C geräuchert werden.

Gasgeräte

Mit Gas betriebene Geräte eignen sich ebenfalls gut zum Räuchern. Gas als Brennstoff hat die Vorteile einer schnellen Erhitzung, einer

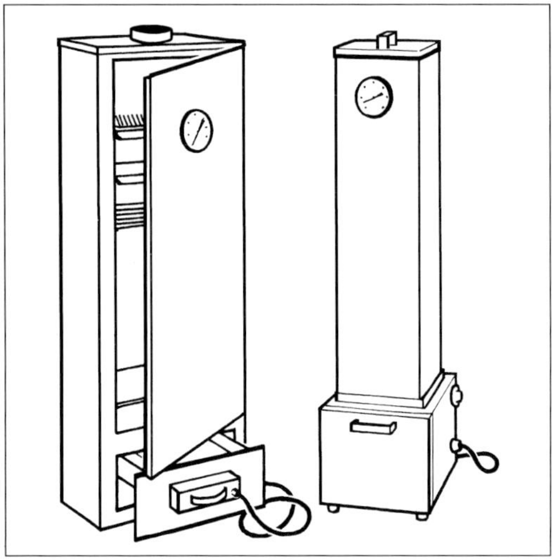

Abb. 47 Links: Elektrischer, vollisolierter Räucherofen R 332a, Fa. Grassl. T 40 × B 50 × H 150 cm, Kapazität 45–60 Fische
Abb. 48 Rechts: Elektrisches Aalräuchergerät, Fa. Kronawitter. T 46 × B 31 × H 123 cm, Kapazität 10–15 Aale

feinen Regulierbarkeit und einer wirksamen Abschaltung. Es wird daher gerne von der Hausfrau benutzt, oftmals zusätzlich zur schnellen Speisenzubereitung aus einer Gasflasche entnommen.
Ein spezieller Brenner, der das Gas aus einer Flasche bezieht, kann im Freien in ein schnell errichtetes Ziegelsteingehäuse oder besser im Raum in einen transportablen Metallofen eingebaut werden. Der Ofen wird damit von dem Anschluss an eine Gasleitung unabhängig. Häufiger benutzte Räucherkammern können natürlich an vorhandene Gasleitungen angeschlossen werden.
Sämtliche Gasarten wie Propan-, Erd- und Stadtgas sind verwertbar. Der Gasverbrauch ist unterschiedlich. Die Brenner werden vor der Lieferung auf die vorhandene Gasart eingestellt. Über dem brennenden Gas – der eigentliche Brenner kann sich außerhalb des Räucherofens befinden – steht unten im Räucherraum ein Brenntisch, auf dem die Sägespäne liegen, und im geeigneten Abstand über dem Brenntisch sind die Stangen oder Roste angebracht.
Die Temperatur kann über eine automatische Regeleinrichtung oder durch Handregelung gesteuert werden.
Ein Überhitzen des Gasofens ist kaum möglich, da durch Zurücknehmen der Flamme oder durch Öffnen der Tür schnell abgekühlt werden kann.
Die Firma Grassl bietet zündsichere Gasbrenner und dazu passende Allgas-Rauchöfen in verschiedenen Größen an.
Die Firma Jost, 89365 Röfingen-Roßhaupten, stattet auf Wunsch ihre sämtlichen Modelle mit Propangasheizung aus. Auch die zwei Typen der Jost-Räucherschränke kann man ohne Umbau damit nachrüsten.

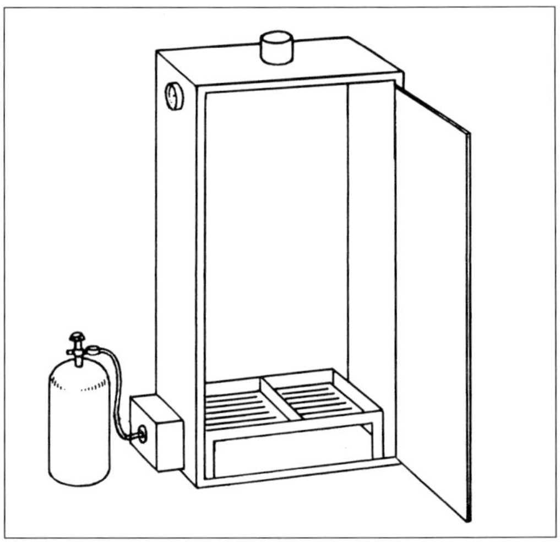

Abb. 49 Gasgerät, Räucherofen, Brenntisch und Gasflasche für die Beheizung. Anschluss an das Gasnetz ist möglich.

Räucherschränke

Zur gewerbsmäßigen Räucherei sind größere Räucheranlagen erforderlich. Je nach Umsatzhöhe werden zwei verschiedene Größen in Frage kommen, die sich technologisch kaum, wohl aber in der Aufstellmöglichkeit unterscheiden. Es sind die u. U. ortsveränderlichen, fertig gelieferten Räucherschränke und die fest eingebauten Räucherkammern. Vorteilhafter ist stets die Aufstellung in einem besonders dafür reservierten und entsprechend hergerichteten, geschlossenen Raum. Diese Erstellung unterliegt einer besonderen Baugenehmigung. Die Vorteile bestehen einmal in der Unabhängigkeit von Witterungseinflüssen wie Kälte, Wärme, Sonneneinstrahlung, Föhn, starkem Wind, Gewitter, die sich störend bemerkbar machen und sich sogar auf die Qualität der Räucherware auswirken können. Das Räuchern in Schränken und Kammern liefert bei richtiger Bedienung nach allgemeiner und sachverständiger Ansicht die beste Qualität, zumal diese Einrichtungen im Vergleich zu den Kleingeräten wesentlich größeres Fasssungsvermögen haben und damit eine bessere Temperaturregelung und Rauchentwicklung ermöglichen.

Gebrauchsfertige Räucherschränke werden in verschiedenen Konstruktionen von zahlreichen Metall verarbeitenden Firmen hergestellt, da sie auch das Fleischerhandwerk zum Räuchern von Fleisch- und Wurstwaren benötigt.

Unter den Firmen, die in ihren Konstruktionen das Räuchern von Fischen besonders berücksichtigt haben, können u. a. genannt werden:

- Fa. Hans Grassl, Waldhauser Straße 8, 83462 Schönau-Berchtesgaden
- Fa. Ness & Co. GmbH, Postfach 13 04, 73626 Remshalden
- Fa. Schich GmbH, Im Felde 17, 27574 Bremerhaven
- Fa. „Jost“, 89365 Röfingen-Roßhaupten
- Fa. G. Vering, Warendorfer Str. 1, 48361 Beelen

und zahlreiche Firmen in den Küstenstädten.

Der Räucherschrank Type RS 100 der Fa. Jost

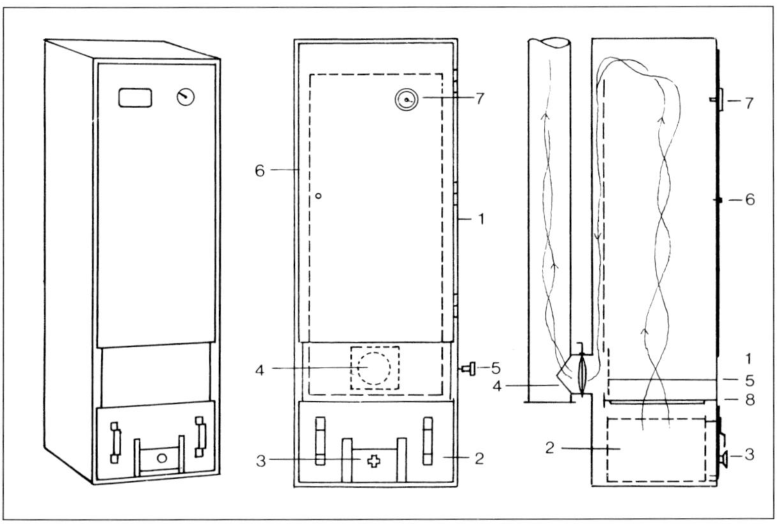

Abb. 50 „Jost“-Räucherschrank (Fa. Jost/Röfingen). Type RS 100.
T 44 × B 59 × H 165 cm. Kapazität 100 Forellen. Gewicht etwa 80 kg

hat ein Fassungsvermögen von 280 Liter oder ca. 100 Forellen, ein Gewicht von ca. 80 kg, Gesamthöhe 1,65 m, Breite 0,59 m, Tiefe 0,44 m. Der Rohranschluss hat 13 cm Ø. Der Ofen besteht aus dem Ofengehäuse (1), dem Beschickungskasten (2), dem Zugschieber (3), Rauchgasabzug mit Regelklappe (4), Schieber für Anfeuerung (5), Außentür mit eingelegter Asbestschnur (6), Zeigethermometer (7), Abdeckblech mit Tropfblech (8) und dem eigentlichen Räuchergutschacht (9).
Es wird noch ein ähnliches Modell der gleichen Firma für 40 Forellen (Type RS 40, ca. 120 l, 30 kg) geliefert. Die Räucheröfen sind mit Holzfeuerung oder Gasheizung lieferbar. Die Fa. Beelonia, G. Vering, bietet 7 Typen (Combi 1; F 1–17 VI) von Öfen an mit einer Kapazität von 8, 15–20, 25–35, 45–60, 120–130, 200–220, 260–280, 340–360 Portionsforellen. Das gesamte Programm ist auch in Edelstahl lieferbar. Bei allen Geräten ist wechselbare Beheizung mit Holz, Gas oder Elektro möglich. Die Typen F III und F IV werden serienmäßig mit einem Raucherzeuger ausgestattet. Die Schränke F IV, F V und F VI können mit einem eingebauten Räucherwagen zum Aufhängen der Fische für eine rationelle Beschickung geliefert werden. Die Modelle III, IV, V und VI sind universelle Schränke zum Kalt- und Heißräuchern sowie Garen und Kochen.
Räucherschränke speziell für Läden und Restaurants unter der Bezeichnung „Räuchermeister“ bietet die Schich GmbH, Bremerhaven, an. Typ I und Typ II sind für Heißrauch konstruiert (Fassungsvermögen 30 bzw. 60–90 Forellen), Typ III für Heiß-Kaltrauch-Kombination (Fassungsvermögen 60–90 Forellen, 18 Seiten Lachs). Die Außenflächen können ein individuelles Dekor erhalten. Durch Fenster in den Türen und eine Innenbeleuchtung lässt sich der Räuchervorgang miterleben.
Bei diesen Räucheranlagen muss darauf geachtet werden, dass sie über eine Entlüftung verfügen. Feuerpolizeiliche Vorschriften verlangen bei freier Aufstellung auf Holz- bzw. Kunststoffböden besondere Bodenbleche.
Für ausgesprochen industrielle Großanlagen von mindestens 500 Fischen pro Anlage aufwärts mit modernster Technik sind in erster Linie die Firmen Maurer u. Söhne, Insel Reichenau, mit ihren Fischmaster-Anlagen, Muvero Food Technic, Arnsberg, die Fa. Fessmann, Winnenden, mit ihren Turbomatanlagen zu nennen. Die Anlagen werden automatisch gesteuert mit allen Möglichkeiten der Computerregelung mit Bildschirmanzeige.

Räucherkammern

Forellenzüchter und Fischer wie Genossenschaften bauen sich mitunter selbst einen Räucherofen. Zum Bau eines solchen Ofens aus gebrannten Ziegel- oder Schamottsteinen kann folgender Vorschlag gemacht werden:
Empfehlenswert ist ein Grundriss von 1,50 × 1,50 m. Dieses Maß sollte bei Öfen mit Holzfeuerung nicht überschritten werden, sonst könnte die Farbtönung des Räuchergutes ungleichmäßig ausfallen und eine gleichmäßige Gare schwerer zu erzielen sein.
Der Ofen muss mindestens 2 m hoch und die Oberseite nicht planeben sein. An der höchsten Stelle in einem Spitz- oder Schrägdach des Ofens wird ein Rauchabzugsrohr von mindestens 0,30 m ∅ eingebaut. Die bewegliche Klappe im Rohr muss so eingestellt sein, dass sie auch im „geschlossenen“ Zustand ein Drittel offen ist.
Der Rauchfang über dem Räucherofen garantiert einen rauchfreien Raum während des Räucherns. Ist ein Rauchfang bereits vorhanden, kann man zusätzlich einen Teil des Daches als Klappdach bauen. Über eine Ziehvorrichtung kann die Klappe bei Bedarf geöffnet

werden, z. B. für das Trocknen der Fische im Ofen. Bei größerer Wärme und gutem Durchzug mit geöffnetem Klappdach wird die Trockenzeit wesentlich verkürzt. Desgleichen ist durch dieses Klappdach schnelleres Ablassen der Hitze möglich. Spitz- oder Schrägdächer haben ferner den Vorteil, dass der Wasserdampf, der bei zu schneller Erwärmung des Ofens während der Trocknungszeit der Fische entsteht, nicht um den Fisch, sondern über den eingehängten Fischen steht. Bei einem Flachdach würde der Fisch direkt im Wasserdampf hängen. Dadurch wird er gedünstet und trotz guter Aufhängevorrichtung leichter herunterfallen.

Eine eingebaute Schiene an der Vorderfront des Ofens (Oberseite), an der ein mit Kugelgelenk versehener „Korb“ – wie der ausfahrbare Kammereinsatz zum Aufhängen der Fische genannt wird – hängt, erleichtert das Einbringen und Herausnehmen der Fische aus dem Ofen. Je nach Konstruktion der Körbe lassen sich eine am Träger ausfahrbare Ausführung mit völliger Bodenfreiheit, eine auf Rollen am Boden ausfahrbare Einsatzkammer und eine fest eingebaute, direkt behängbare Kammer unterscheiden. Letztere ist Platz sparend. Bei einem auf dem Boden ausfahrbaren Gestell zum Einhängen der Fische muss die ganze Vorderfront des Ofens als Tür gebaut sein.

Wer größere Fischmengen räuchert, kann bei den beiden erstgenannten Konstruktionen mit Wechselkörben arbeiten.

Baut man einen Rundofen, so kann man den Einhängekorb für die Fische mit einem kleinen Motor während des Räucherns rotieren lassen. Man erreicht dadurch eine noch gleichmäßigere Farbtönung und ein völlig gleiches Garwerden der Fische.

Bei Öfen ohne Korbsystem ist es arbeitstechnisch vorteilhafter, die Tür in ihrer oberen Hälfte mit einer kleinen Schiebetür zu versehen, die das Beobachten des Räuchervorganges ohne Öffnen der eigentlichen Tür ermöglicht. Meist ist aber die Sicht durch den Rauch behindert.

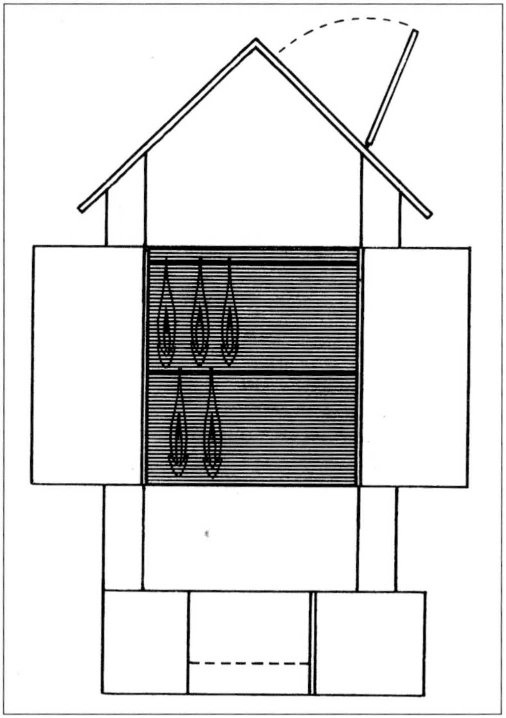

Abb. 51 Projektskizze für Einbau-Räucheröfen aus Ziegel- oder Schamottsteinen

Man muss den Zustand der Fische im Ofen während des Räuchervorganges mehrmals kontrollieren und öffnet hierzu die ganze Tür oder eine Türhälfte. Dann schlägt dem Beobachter so viel Rauch entgegen, dass er nichts sieht. Das lässt sich vermeiden, wenn unmittelbar vor dem Räucherofen noch ein gesonderter kleiner Kamin eingebaut ist, der diesen Rauch beim Öffnen der Kammer sofort nach oben wegzieht und die Sicht in die Rauchkammer freigibt.

Die Raumaufteilung im Inneren des Ofens ist

Abb. 52 In einer Räucherhütte kann man den Räuchervorgang bequem auch bei ungünstiger Witterung wie Regen, Schnee oder Frost im richtigen Temperaturbereich durchführen.
Foto: J. Lorenz

so am vorteilhaftesten: ca. 40 cm Höhe für die Feuerung mit Rost, ca. 30 cm Höhe Raum für Schamottsteinpackung als Wärmespeicher beim Aalräuchern, ca. 130 cm Höhe für den eigentlichen Räucherraum.

Ein Eisenrost bei Holzfeuerung sorgt für bessere Durchlüftung des Ofens, zumal man die durchfallende Asche zum Abdecken des Feuers und zur damit verbundenen stärkeren Rauchentwicklung entnehmen kann.

Ca. 40 cm über dem Feuerrost wird ein Drahtgitter über die ganze Fläche des Ofens angebracht. Es soll herabfallende Fische auffangen. Wird die Schamottsteinpackung als Wärmespeicher benutzt, so werden an Stelle des Drahtgitters Winkeleisen eingebaut, auf welche die Schamottsteine versetzt gelegt werden. Als Abschluss legt man dann das Drahtgitter auf.

An Stelle des Drahtgitters werden auch durchlöcherte, schräg eingesetzte Wellbleche verwendet, die das abtropfende Fett auffangen sollen. Die Wellbleche sind nur an den oberen Wellen durchlöchert. Zur genauen Kontrolle der Temperatur empfiehlt es sich, möglichst zwei Thermometer an der Außenwand des Ofens anzubringen mit unterschiedlich lan-

Abb. 53 Blick ins Innenleben der Räucherhütte. Räucherofen mit geöffneter Räucherkammer und Feuerung. Foto: J. Lorenz

gen Fühlern im Ofenraum zum Messen in Wandnähe und im Bereich der hängenden Fische. Entsprechende Stabthermometer mit einem Messbereich von 0–200 °C sind im Fischereibedarfshandel, z. B. Fa. AGK, Wallersdorf, erhältlich.

Baumaterial: 600 Hartbrandsteine, 24 × 11 × 7 cm, 125 Schamottsteine zur inneren Auskleidung, 28 × 14 × 3 cm, 25 kg Zement, 25 kg Kalk, 1/4 m³ Sand, 6 Flacheisen, 10 Winkeleisen, die Tür nach Beschaffenheit des Ofens, 1 Feuerrost, 2 Thermometer mit unterschiedlich langen Fühlern, 1 Abzugsrohr, 1 Laufschiene mit dem Korb oder 1 fahrbares Gestell. Seit etwa 1896 hat sich in der gewerblichen, industriellen Räucherei ein Ofentyp eingebürgert, der unter dem Namen Altonaer Ofen bekannt wurde. Der Ofen hatte in der Regel eine Breite von 1,20 m und eine Tiefe von 1,04 m. Die Öfen wurden aneinander gereiht und schlossen sich zu beiden Seiten an den Schornstein an. Die Anzahl der Öfen war dabei je nach Anlage unterschiedlich, aber im Prinzip unbeschränkt. In den letzten 10–15 Jahren wurden diese so genannten offenen Typen weitgehend durch geschlossene Systeme

Abb. 54 Räucherofen (Fa. AGK Kronawitter GmbH) mit ausfahrbarem Korb

verdrängt, da die Regulierung der Flamme manchmal problematisch war und manch eine Charge verlorenging, wenn die Flamme einmal durchschlug.

Die Industrialisierung schreitet in allen Gewerbebetrieben voran, weil sie es ermöglicht, kostensparend hochwertige Ware zu produzieren. Dieser Entwicklung folgen auch die Hersteller von Räucherkammern, um dazu beizutragen, dass mit geringerem Arbeitsaufwand, verkürzter Räucherzeit und besserer Temperaturkontrolle optimale Räucherfische zubereitet werden können. Allerdings hat die Herstellerindustrie von Räucherkammern bislang zu wenig Rücksicht auf mittelständische Unternehmen der Fischräucherei genommen.

Die bisher angebotenen automatischen Räucherkammern waren nur für industrielle Herstellung von Räucherfischen bestimmt, was sich in den Kammergrößen und den Preisen so ausdrückte, dass große Kammern für viele kommerzielle Fischräuchereien unerschwinglich waren.

Die Firma AGK Kronawitter GmbH, Wallersdorf, die eine langjährige Erfahrung auf dem Gebiet der Räuchertechnik besitzt, nahm sich dieses Problems an und hat eine neue Räucherkammer Multimat 1000, 2000 und 3000 auf den Markt gebracht, die auch preislich und kapazitätsmäßig für mittelständische Unternehmen geeignet ist. Von diesen automatischen Räucherkammern seien hier einige Vorteile aufgeführt:

Diese Kompaktkammer mit geringem Platzbedarf eignet sich besonders zum Trocknen, Räuchern, Garen, Braten und Kochen von Fischen aller Art. Sie ist voll aus Edelstahl (V2A) gefertigt und einfach zu bedienen. Der Schaltkasten mit Armaturen zur Handregelung und Steuerung der Anlage ist im Kammeroberteil übersichtlich und funktionell einfach angebracht.

Der elektrisch gezündete Raucherzeuger ist außen an der Tür angebracht, wodurch die Kammer mit einem rostfreien Wagen bodenbefahrbar ist. Der Räucherwagen lässt sich außerhalb der Kammer einfach mit Fischen beschicken. Ein Zentrifugalgebläse mit 2 Geschwindigkeiten sorgt beim Heiß- und Kalträuchern für gleichmäßige Rauch- und Luftumwälzung. Dadurch werden die Arbeitszeiten und auch der Gewichtsverlust wesentlich verringert.

Die Aufheizung von Rauch- und Luftumwälzung erfolgt durch problemlose elektrische Heizwiderstände mit verhältnismäßig geringen Anschlusswerten, die elektronisch gesteuert werden. Der Raucherzeuger kann mit normalem Sägemehl oder Hobelspänen beschickt werden, wobei natürlich wegen der Farb- und Geschmackswerte Harthölzer wie Buche, Erle oder ähnliche empfehlenswert sind.

Der Rauch kann stufenlos durch ein Potentio-

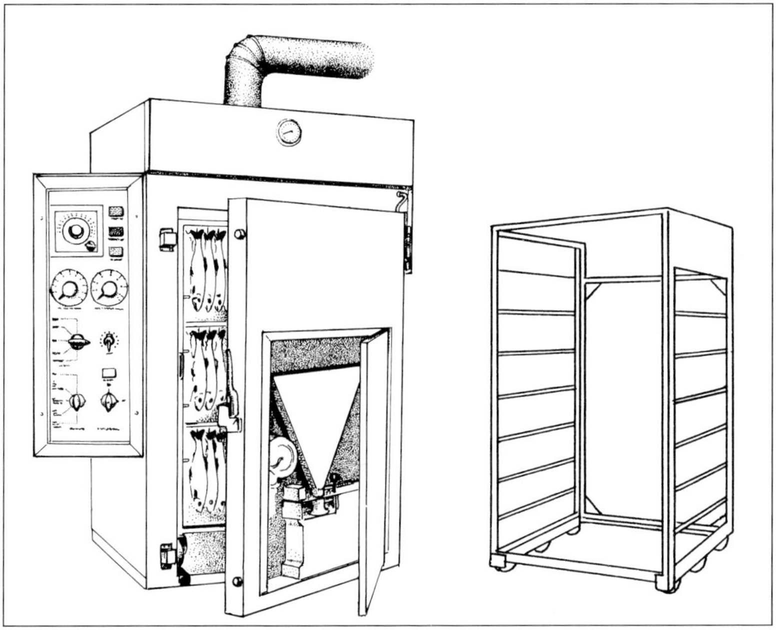

Abb. 55 Multimat 1000, Fa. AGK Kronawitter GmbH. Wallersdorf. Fassungsvermögen ca. 200–250 Forellen
Abb. 56 Dazugehörender Räucherwagen, 7 Etagen

meter befeuchtet werden, was sich auf den Gewichtsverlust der Fische sehr günstig auswirkt. Mit der Multimat-Anlage der Fa. AGK Kronawitter GmbH ist somit jeder Arbeitsgang exakt reproduzierbar, was die Möglichkeit einer Fehlproduktion auf ein Minimum reduziert und gleichmäßige Ware garantiert.
Die eingebaute automatische Reinigungsanlage ermöglicht dem Käufer eine problemlose, minutenschnelle Reinigung der Anlage. Die AGK Kronawitter GmbH vertreibt auch die dazu erforderlichen Reinigungsmittel.
Für die automatische Räucheranlage Multimat werden zur Inbetriebnahme lediglich ein Stromanschluss von 380 V/220 Volt, 60 Hz, 15 kW, max. 25 A sowie ein Kaminanschluss mit einem 150 mm ∅ und ein Wasseranschluss 3/4“ R benötigt.
Neben ihren industriellen Großanlagen liefert die Fa. Fessmann, Winnenden, auch Turbomat-Modelle für Fischereibetriebe, die ihre Produkte durch Räuchern veredeln. Speziell die Turbomat-Geräte 1800, 1900 und 1950 sind für diesen Kundenkreis entwickelt und haben sich gut bewährt. Durch die automatische Steuerung wird eine immer gleich bleibende Qualität der Räucherware erzielt.
Abschließend kann man sagen, dass viele Dinge im Geräteteil nur kurz angerissen werden können und man sich vor dem Kauf immer die genauen Details der einzelnen Firmen einholen sollte. Die großen Fischereiausstattungsfirmen, wie Fa. Grassl und Fa. Kronawitter, haben fast alle gängigen Typen, vom Tischgerät bis zu gewerblichen Anlagen in ihrem Verkaufssortiment. Trotz aller genauen Gebrauchsanweisungen muss man mit jedem Gerät seine Erfahrungen sammeln, um letztendlich einwandfreie Räucherware zu produzieren.

Räuchermethoden

In der Fischräucherei unterscheidet man ähnlich wie beim Räuchern von Fleisch und Fleischwaren zwischen Kalträuchern und Heißräuchern. Der Unterschied liegt in der verschieden hohen Wärmeerzeugung.

Kalträuchern [1]

In der Fischereigeschichte ist Kalträuchern älter als Heißräuchern. Als es die heutigen schnellen Versandmöglichkeiten noch nicht gab, wurden die Fische zuerst stark gesalzen und dadurch bereits gar gemacht (z. B. Salzhering) und dann „kalt", d. h. bei geringerer Temperatur, geräuchert. Der hohe Salzgehalt und der verringerte Wassergehalt des Fischfleisches garantieren eine längere Haltbarkeit als Voraussetzung für damals lange Transporte und Aufbewahrungszeiten.

Für das Kalträuchern finden in erster Linie Lachs, Meerforelle, Regenbogenforelle, Heilbutt, Makrele und Hering Verwendung.

Große Fische werden zum Kalträuchern auf jeden Fall in zwei Hälften filetiert, kleinere wie Heringe und Makrelen können auch im Stück kalt geräuchert werden. Man kann die Filets entweder trocken einsalzen oder eine 20 %ige Salzlake verwenden. Die Einwirkdauer richtet sich nach der Größe der Fische. Bei einem 3-kg-Fisch liegt sie bei etwa 14 Stunden bzw. bei einem 6-kg-Fisch bei etwa 24 Stunden. Anschließend muss der Fisch gewässert werden. Die Wässerung hängt von der jeweiligen Geschmacksrichtung hinsichtlich des Salzgehalts ab. Ein 3-kg-Fisch sollte nach der Salzgare etwa 3 Stunden in 20 l Wasser gewässert werden. Durch Zerkauen einer kleinen Kostprobe kann der Salzgehalt überprüft werden. Nach der Wässerung müssen die Filets am besten mit Haushaltspapier gut abgetrocknet werden. Im Ofen werden die Filets auf Gitterroste gelegt und bei einer Hitze von unter 30 °C mindestens 24 Stunden, bei Großfischen noch wesentlich länger, geräuchert. Das Endprodukt muss eine rötlichgelbe Färbung bei Lachs und sog. Lachsforellen und eine goldgelbe Färbung bei Heilbutt, Makrele und Hering aufweisen.

Das Kalträuchern ist in der Fischindustrie heute noch bei Räucherlachs, Lachsbückling, Lachshering und im Ausland bei Bratbückling üblich. Letzterer ist ein nicht ausgenommener Hering mit Kopf, der vor dem Verzehr gebraten werden muss.

Der Lachshering ist ein kaltgeräucherter Hering aus größeren, fetten Salzheringen. Er wird gleichfalls mit Kopf und nicht ausgenommen 2–3 Tage kalt geräuchert.

Der Lachsbückling ist dagegen ausgenommmen. Er wird besonders in Form von Filets geschätzt.

Der berühmte Räucherlachs wird stark gesalzen (12 Std. in 20 %iger Salzlake), in Längshälften geschnitten und nach Wässerung und Trocknung seinen Ausmaßen entsprechend 50–90 Std. kalt geräuchert, ebenso Meerforel-

[1] Kaltgeräucherte Fische werden mit frisch entwickeltem Rauch bei einer Wärmeeinwirkung von unter 30 °C hergestellt (II B 2 der Leitsätze für Fische und Erzeugnisse daraus).

len und große Saiblinge. So schmecken die Fische wesentlich zarter. Starkes Salzen und langsames Räuchern trocknen das Fischfleisch aus. Diese Ware ist nicht jedermanns Geschmack.
Eine Spezialität für Kenner ist auch kaltgeräucherter Heilbutt. Ein Heilbutt von ca. 3 kg wird zu Filets verarbeitet. Anschließend werden die Filets gut eingesalzen und mit etwas schwarzem Pfeffer bestreut. Nach etwa 12 Stunden Salzgare werden die Filets ca. 3 Stunden gewässert. Anschließend wird der Pfeffer sauber entfernt und die Filets auf ein Sieb gelegt und nach 4 Stunden Rauch mit einem mit Aquavit getränkten Tuch abgetupft. Hinterher gibt man wiederum etwas schwarzen und weißen Pfeffer darauf und räuchert die Filets für weitere 18 Stunden.
Ähnlich verfährt man auch mit Makrelen. Die Makrelenhälften werden nach der Reinigung mit Wasser mit Salz bestreut und müssen 12 Stunden garen. Dann legt man sie in ein Wasserbecken, wo sie bei leicht laufendem Wasserhahn 2–2,5 Stunden gewässert werden. Nach der Trocknung werden die Filets auf ein Sieb gelegt und im Ofen ca. 24 Stunden geräuchert.
Im Laufe der Zeit hat das Heißräuchern von Fischen z. B. auch an der deutschen Küste weitaus größere Bedeutung erlangt und ist in unserer Fischerei vorherrschend geworden.

Heißräuchern[1]

Im Gegensatz zum Kalträuchern wird beim Heißräuchern der Frischfisch als Ausgangsprodukt verwendet. Das bedeutet nicht, dass der Fisch soeben gefangen sein muss, sondern es wird unbehandelte Rohware verwendet.
Es kann tiefgefrorener Fisch sein, also bei einem Sportfischer z. B. einzelne, in Zeitabständen mit der Angel gefangene Fische verschiedener Arten oder beim Fischzüchter und Fischer ein größerer Posten aus einem Massenfang oder aus einer größeren Abfischung, der eingefroren wurde.
In allen Fällen muss allerdings der Fisch wirklich frisch, d. h. möglichst kurze Zeit nach dem Töten, in die Tiefgefriertruhe gebracht worden sein. Der Fangtermin rechnet nicht, wenn der Fisch anschließend noch lebend im Hälter gehalten wurde. Der Zeitpunkt des Abschlagens ist maßgebend.
Ein tiefgefrorener Fisch erleidet keine Verminderung der Geschmacksgüte, es sei denn, er ist nicht frisch eingebracht worden oder lagert zu lange in der Tiefkühltruhe. Exakte Untersuchungen über die Grenze der Tiefkühldauer liegen für Süßwasserfische nicht vor.
An der Bayerischen Landesanstalt für Fischerei in Starnberg hat ein gelegentlicher Versuch gezeigt, dass bei Forellen und Renken (Felchen oder Maränen) nach dem Einlagern in eine haushaltsmäßige Gefriertruhe (-30 °C) von 4 Monaten Dauer keinerlei Geschmacksbeeinflussung festgestellt werden konnte. Längere Verweildauer fetter Fischarten, wie Aal oder Karpfen, sollte man nicht einplanen, da vermutet werden kann, dass die Fettstoffe Einbußen im Geschmack erleiden und ein wenig tranig (ranzig) werden können.
Will man Fettfische länger lagern, müssen sie unbedingt vakuumverpackt sein, damit der Luftsauerstoff keinen Zugriff auf das Fett erhält. Die Verpackung darf dabei keinesfalls in der Gefriertruhe beschädigt werden.
Aus Gefrierhäusern von Berufsfischern sind längere Einlagerungszeiten bis zu einem halben Jahr ohne nachteilige Folgen bekannt geworden.

[1] Heißgeräucherte Fische werden mit frisch entwickeltem Rauch und einer Wärmeeinwirkung von über 60 °C im Kern hergestellt (II B 2 der Leitsätze für Fische und Erzeugnisse daraus).

Wichtig ist das Schnellgefrieren, eine plötzliche, also schnell erfolgende erste Tiefkühlung auf mindestens – 30 °C. Das Schnellgefriergut muss in dünnen Lagen sein, damit es auch wirklich schnell gefriert. Die Verpackung sollte dabei tadellos luftdicht abschließen.
Sicherlich sind längere Einfrierzeiten ohne Qualitätsverlust bei korrekter Einlagerung und Beachtung aller Kühlerfahrungen zu erwarten.
In der Fischindustrie an der Küste werden die bekannten Bücklinge aus nicht ausgenommenen Fettheringen, die in der Zeit von Juli bis Oktober in der Nordsee oder im Winter um Norwegen gefangen werden, heiß geräuchert, ebenso die Makrelen und andere Fischarten. Neuerdings werden auch Lachsstücke angeboten, als Stremellachs nach dieser Methode geräuchert.
Ähnlich wie bei den Süßwasserfischen ist bei den Fischarten aus dem Salzwasser nach der Vorbehandlung – ausnehmen, reinigen – das Salzen ebenfalls erforderlich. Es wird in 10%iger Salzlake vorgenommen. Die Dauer richtet sich nach Größe, Fettgehalt und Herrichtung – ob Ganzfisch, Teilstücke oder Filets – und beträgt bis zu einer Stunde. Die Fische haben dann im Allgemeinen 1,5–2% Salzgehalt.
Wenn hier ein kurzer Überblick über Kalt- und Heißräuchern von Meeresfischen gegeben wurde, so besteht dazu ein berechtigter Anlass, da in zunehmendem Maße auch in der See geangelt wird, hier vorwiegend bei der Makrelenfischerei größere Mengen anfallen und diese anschließend gerne vom Angler selbst geräuchert werden. Gesellschaftsfahrten mit diesem Ziel nehmen immer mehr zu, und gemeinsames Räuchern bildet den Abschluss einer solchen Fangreise. Räuchermöglichkeiten müssen heute von dem Veranstalter dieser Fahrten gleich mit eingeplant werden. Der geangelte Frischfisch soll für die Heimreise haltbarer und schmackhafter gemacht werden.
Bei der Heißräucherei, wie sie heute mit kleinen Mengen in der Sportfischerei und gewerbsmäßig in der Berufsfischerei betrieben wird, können je nach Fischarten zwei Methoden unterschieden werden. Sie weichen zum Beginn des eigentlichen Räuchervorganges voneinander ab.
Dies ist einmal das Heiß-Trocken-Räuchern bei Forellen, Renken, Karpfen, Schleien und allen Weißfischarten und zum anderen das Heiß-Nass-Räuchern beim Aal.
Beim Heiß-Trocken-Räuchern wird der Fisch mit der Aufhängevorrichtung, auf die anschließend eingegangen wird, in den noch kalten Ofen gehängt. Bei geöffneter Ofentür, offener Abzugsklappe und einer steigenden Erwärmung im Ofen wird der Fisch als erstes getrocknet.
Ofentyp, Witterung und Zug des Ofens entscheiden über die Dauer der Trocknungszeit. Sie beträgt bis zu 30 Minuten. Die Trocknungszeit ist ausreichend, wenn der Fisch sich ein wenig ledrig anfühlt und die Flossen weiß zu werden beginnen. Die Temperatur im Ofen wird nun zunächst erst auf 60–70 °C gesteigert. Eine zu schnelle Erwärmung im Ofen führt, wie erwähnt, zur Bildung von Wasserdampf, die Fische werden weich und fallen leicht herunter.
Die Trocknungszeit kann wesentlich verkürzt werden, wenn man einen ausfahrbaren Korb hat, in den die Fische eingehängt und zu Beginn mit einem Ventilator vor dem Ofen belüftet werden. Engmaschige Drahtgitter um den Korb oder um das Fahrgestell können als Fliegenschutz dienen, sollte es notwendig sein.
Nach der Trocknungszeit werden die Tür und die Abzugsklappe geschlossen. Die Wärme im Ofen steigt. Bei Holzfeuerung sollen die Holzstücke nicht zu groß sein. Ferner dürfen nicht

zu viele Holzstücke auf einmal aufgelegt werden, da die Wärme nicht zu schnell zunehmen darf. Die Fische verlieren sonst zuviel Fett.

Die angestrebte Betriebstemperatur im Ofen soll höchstens 110 °C betragen und nur so lange gehalten werden, bis im Fisch eine Kerntemperatur von mind. 60 °C erreicht wird. Dabei wird der Fisch gar, Krankheitskeime, Salmonellen etc. werden abgetötet. Je nach Fischart, -größe und -menge ist diese Zeit unterschiedlich. Bei Portionsfischen von 250–300 g (Forellen, Renken) sind dies in der Regel 15–20 Minuten. Es ist notwendig, das Garsein zu kontrollieren. Dabei zieht man beispielsweise bei einer Forelle oder Renke die Rückenflosse heraus. Jetzt muss das Fleisch an den Flossenträgern weiß und nicht mehr glasig sein. Bei schwereren Fischen ist es angebracht, eine Kontrolle mit einem feinen, sauberen Holzstäbchen (Schaschlikspieß) am Rücken neben dem Rückgrat vorzunehmen. Anschließend geht man mit der Temperatur bis auf 40–60 °C herunter, um zu starkem Austrocknen vorzubeugen.

Nach Eintritt der Gare schließt sich der Färbe-Prozeß an. Schon während der Garzeit hat der Fisch eine mehr oder weniger hellgelbe Tönung angenommen. Um diese bis zur goldgelben Färbung zu verstärken, wird das fast ausgebrannte Holz mit der Asche abgedeckt und zur stärkeren Rauchbildung Sägemehl über die mit Asche abgedeckte Holzkohle gestreut. Die Temperatur im Ofen sinkt dabei allmählich. Bis zur gewünschten Färbung ist wiederum mit einer Dauer von etwa 45 Minuten zu rechnen.

Die Gesamträucherzeit ist auf etwa 120 Minuten begrenzt, so bei 200 Renken bzw. Forellen von einem Rohstückgewicht von ca. 300 g, die reihenweise in zwei Schichten übereinander hängen. Die angegebene Räucherzeit bezieht sich auf einen im Eigenbau erstellten Hartbrandsteinofen, dessen Räucherraum 1 × 1 m misst und 1,30 m hoch ist. Werden in diesen Ofen 3 Schichten = 300 Stück der gleichen Größe eingebracht, verlängert sich die Räucherzeit auf rund 180 Minuten. Die Trocken- und Garzeit wird durch die größere Füllmenge verlängert. Mit gleicher Verlängerungszeit ist bei Fischen, die ein Stückgewicht von 400 g und mehr haben, zu rechnen. In diesem Fall kann der Ofen nur 200 Stück aufnehmen.

Mit einer Räucherzeit von nur 90 Minuten kann bei Fischen, die weniger als 150 g haben, gerechnet werden. Sind Fische mit unterschiedlichen Größen und Gewichten, also Fische von weniger als 150 g und mehr als 400 g in einem Ofen gleichzeitig zu räuchern, müssen die Fische der Größe entsprechend sortiert auf Stangen hängen. Die Stangen mit den kleinen Fischen werden diesmal vorn in Türnähe angebracht, weil sie schneller gar werden und früher aus dem Ofen herauszunehmen sind. Die Fische dürfen niemals zu lange im Ofen bleiben, da sie austrocknen, wodurch ein Gewichtsverlust entsteht und das Enthäuten und Entgräten zum Filetieren erschwert wird. Oben genannte Räucherzeiten gelten auch bei allen anderen Weißfischarten. An Stelle der Holzfeuerung lässt sich in die meisten Typen größerer Öfen eine über einen Thermostat gesteuerte Gas- oder Elektroheizung einbauen. Die in dieser Weise gesteuerte Wärmeentwicklung im Ofen erleichtert das Räuchern beträchtlich.

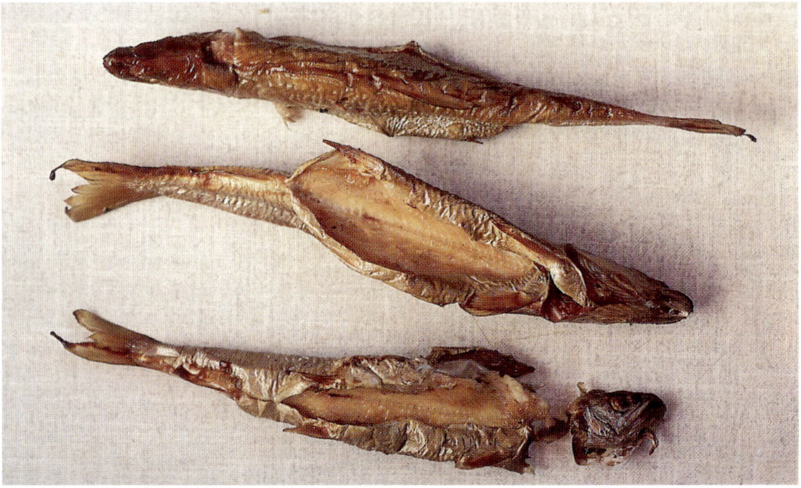

Abb. 57 Durch zu hohe Temperatur während der Garzeit wurden die Seesaiblinge trocken.
Foto: K.-H. Zeitler

Verwendung eines besonderen Rauchentwicklers

Eine wesentliche Weiterentwicklung in der Technik des Räucherns ist die Verwendung eines gesonderten Rauchentwicklers. Derartige Raucherzeuger in verhältnismäßig kleinen Abmessungen können zum Heiß- oder Kalträuchern an bereits bestehende Räucherkammern als alleinige, besser regulierbare Rauchspender angesetzt werden, indem der Rauch steuerbar durch ein Rohr mittels einer kleinen Turbine von unten in den alten Räucherofen eingeleitet wird. Fleischwarenfabriken und Betriebe des Fleischhandwerks verwenden diese Rauchgeneratoren, die auch für Kleinbetriebe eine große Hilfe geworden sind und zur Rationalisierung beitragen. Sie führen sich neuerdings in die Fischräucherei ebenfalls ein und arbeiten nach dem herkömmlichen Verbrennungssystem mit Sägemehl. Nach der Auswahl des Holzes kann den Geschmacksvorstellungen des Kunden entsprochen werden. Der Vorteil besteht in der Möglichkeit einer genaueren Regulierung der Rauchintensität. Ein weiterer Vorteil liegt auf dem Gebiet der Hygiene in der Erzeugung eines qualitativ besseren, gesünderen Rauches, weil über eine Spezial-Staubabscheidung Teer-, Harzstoffe und Kreosol ausgefiltert werden (nach Firmenangabe 60–75% des Teers). Nach Einschaltung der Zündung und eines Stufenschalters ist ständige Beaufsichtigung nicht mehr erforderlich. Das bedeutet Personaleinsparung. Die Größe des Rauchgenerators richtet sich nach dem Volumen der Räucherkammer. Sie ist jedoch stets wesentlich kleiner in ihren Ausmaßen und kann je nach den Standortverhältnissen in einem anderen Raum aufgestellt werden. Bei längerem Zuleitungsrohr ist eine stärkere Turbine erforderlich.

In fischindustriellen Zeitschriften findet man eine Reihe von Firmen benannt, die Rauchentwickler in unterschiedlichen Größen herstellen.

Räucheranleitung (Schema)

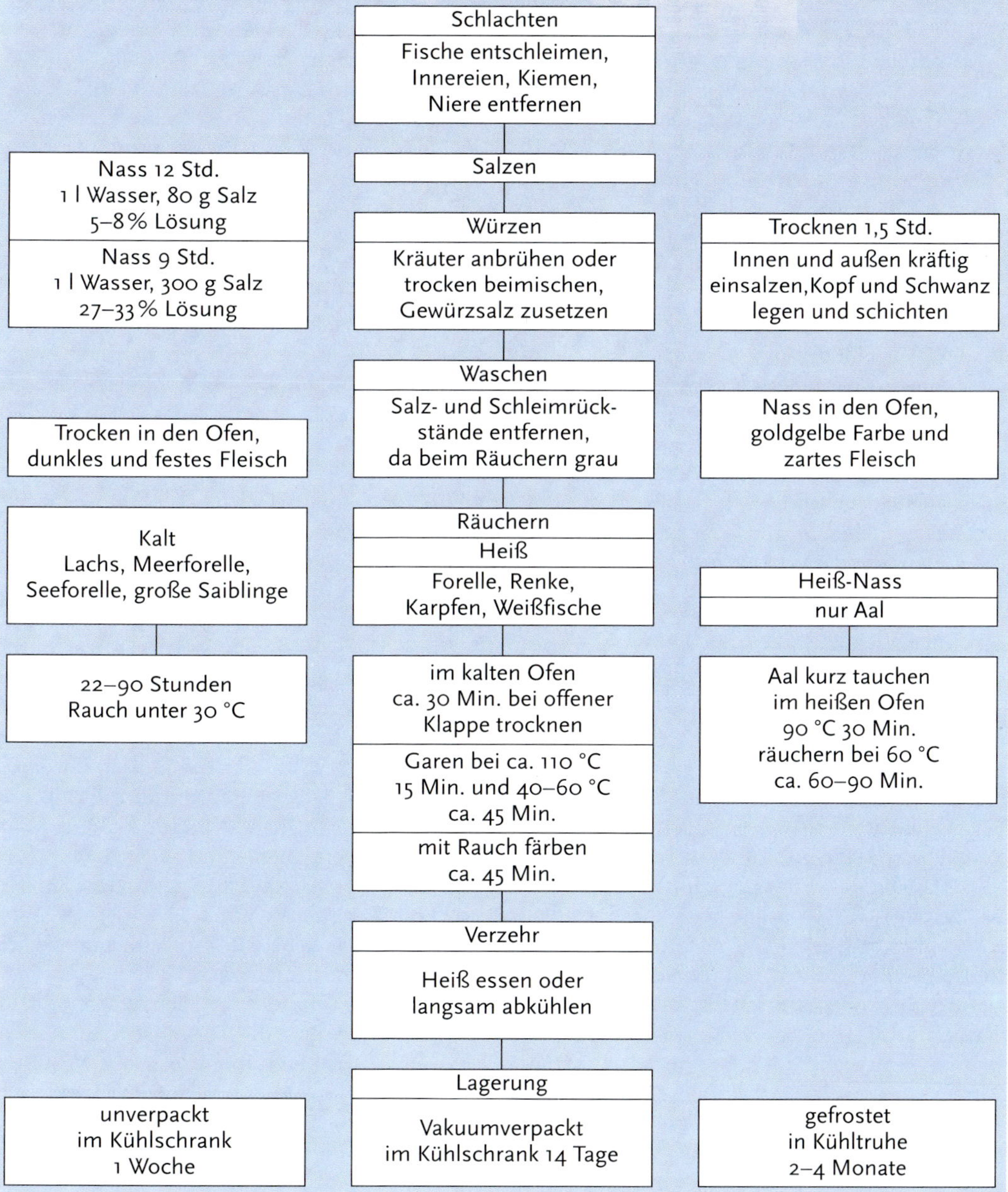

Heiß-Nass-Räuchern von Aalen

Mit dieser Methode wird nur der Aal geräuchert. Spitzköpfe werden den Breitköpfen vorgezogen, da sie mehr Fettanteil haben. Das Heiß-Nass-Räuchern besagt, dass der Räucherofen vor dem Einhängen der Aale bereits stark erwärmt werden muss – je nach Menge der zu räuchernden Aale auf mindestens 90 °C – und die Aale nass eingehängt werden, möglichst schnell, damit wenig Wärme verloren geht.

Ausfahrbare Körbe oder Gestelle sind hier besonders vorteilhaft. Die Abzugsklappe bleibt offen, die Tür wird geschlossen. Die Temperatur von 90 °C soll mindestens 30 Minuten anhalten, dann ist der Aal fast gar. Bei einer Holzfeuerung muss kleingehacktes Holz oftmals nachgelegt werden, um diese Temperaturhöhe zu halten.

Bei Öfen, die einen Wärmespeicher haben (Schamottsteine über der Feuerung), hält die Wärme über die Zeit an, es braucht kaum Holz nachgelegt zu werden.

Eine kurzfristig höhere Temperatur ist aus demselben Grund wie beim Heiß-Trocken-Räuchern notwendig.

Die richtige Dauertemperatur im Ofen erkennt man leicht am Aal. Es strecken sich bei dieser Fischart die Bauchlappen nach einiger Zeit.

Bei zu wenig Wärme im Ofen rollen sich die Bauchlappen des Aales nach innen ein.

Bei zu viel Wärme rollen sich diese Lappen nach außen auf. Die Haut platzt meistens auf. Der Aal verliert Wasser und Fett und ist nicht so wohlschmeckend und kaum verkäuflich. Vor dem Einbringen in den heißen Ofen empfiehlt sich das Eintauchen der Aale in handwarmes Wasser. Das macht die Haut geschmeidig. Die Bauchlappen strecken sich besser, die Haut platzt nicht. Nach Streckung der Bauchlappen in ca. 30 Minuten wird das Feuer mit Asche und Sägemehl zur besseren Rauchentwicklung abgedeckt, die Abzugsklappe geschlossen. Die Aale verbleiben so lange im Ofen, bis sie die gewünschte goldgelbe Farbtönung auf der Bauchseite erreichen. Die Temperatur im Ofen sinkt allmählich bis auf etwa 60 °C ab.

Ofentyp und Witterungseinflüsse können auf die Zeitdauer des Räucherns, auf die Färbung und auf das Garwerden von Einfluss sein.

Allgemein ist die Gesamtzeit des Räucherns von Aalen auf 90 bis 120 Minuten bemessen. Diese Zeitangaben gelten für den zuvor angegebenen Ofen (Eigenbau) sowie bei Aalgrößen mit Stückgewichten von 300 bis 500 g. Die Räucherzeit ändert sich verständlicherweise bei großen und kleinen Aalen. Sie können getrennt oder gemeinsam geräuchert werden, nur muss berücksichtigt werden, dass im letzten Fall die Kleineren eher herausgenommen werden. In jedem Fall ist die Füllmenge bei der Räucherdauer zu berücksichtigen.

Bei allen Räuchervorgängen sollte Sand bereitstehen, um einen evtl. entstehenden Brand schnell löschen zu können. Auf keinen Fall darf mit Wasser gelöscht werden, da es durch den zurückschlagenden Wasserdampf zu starken Verbrennungen am Körper des Menschen kommen kann.

Man kontrolliert, ob der Aal gar ist, durch einen leichten Druck mit Daumen und Zeigefinger auf die Rückenpartie hinter dem Kopf. Leichtes Nachgeben und sofortiges Aufschnellen der Muskulatur zeigt das Garsein an. Ebenso erkennt man bei einem kleinen Schnitt neben dem Rückgrat, ob das Fleisch weiß ist. Es darf nicht mehr glasig aussehen. Ist im Ofen während der Färbungszeit zuviel Wärme, entstehen die so genannten „Geleeschwänze". Das Fett unter der Haut wird flüssig und läuft an der Innenseite der Haut in das Schwanzende. Nach dem Abkühlen des Fisches geliert diese Fettflüssigkeit. Für fettempfindliche Selbsträucherer mag diese Methode vielleicht dazu beitragen, den Fettgehalt des

Abb. 58 Links: Der vor dem Räuchern gespaltene große Aal schmeckt besonders rauchig.
Abb. 59 Rechts: Zu viel Wärme während der Färbungszeit bildet Fettschwänze. Fotos: K.-H. Zeitler

Räucheraals zu reduzieren und ihn bekömmlicher zu machen.
Auch beim Aalräuchern wird mit einer übertrieben verkürzten oder verlängerten Räucherzeit nur Qualitätsverschlechterung erreicht. Einen Überblick über den gesamten Räuchervorgang gibt die schematisch dargestellte Räucheranleitung auf Seite 77. Abschließend kann

man sagen, dass ein jeder, der räuchert, mit seinem Räuchergerät Erfahrungen sammeln muss und es meist erst nach einigen mehr oder weniger gut geglückten Einsätzen hundertprozentig beherrschen lernt.

Einhängen der Fische

Wie schon erwähnt, können die Fische beim Räuchern leicht herunterfallen. Sie müssen deshalb besonders sorgfältig aufgehängt werden. Bei der ältesten Aufhängungsmethode wird das Schwanzende vor dem Anfang der Schwanzflosse mit einer Hanfschnur von etwa 1–1,5 mm ∅ festgeknotet. Auf diese Weise können alle Fischarten, mit Ausnahme des Aales, befestigt werden. Das ist eine der schnellsten, sichersten Aufhängungsarten.
Man bevorzugt sie bei Fischen, deren Kiemen nicht entfernt werden. Die so genannten „Blutstreifen" auf dem Körper können sich hier nicht bilden, da der Fisch mit dem Kopf nach unten hängt. Das zeitraubende Reinigen der Metallhaken entfällt. Die Schnur wird nur einmal benutzt! Diese Methode wird noch in zahlreichen Forellenzuchten angewandt.
Die zum Räuchern vorbereiteten Fische werden so auf einem Tisch sortiert, dass alle Schwänze bzw. Köpfe zusammenliegen. Gebunden wird mit einer durchgehenden Schnur. Ist eine schnelle Arbeitsweise erforderlich, läuft von einer aufgehängten Schnurrrolle der Faden ständig ab. Bei Einhaltung eines regelmäßigen Abstandes von 15–20 cm (je nach Größe des Fisches) wird nun der Faden nach Binden einer Schlaufe („Mastwurf") um das Schwanzende des Fisches gelegt und festgezogen. Ist eine ausreichende Anzahl von Fischen auf diese Weise an einer durchgehenden Schnur befestigt, wird sie in der Mitte zwischen den einzelnen Fischen durchgeschnitten. Die beiden so entstehenden Enden werden durch einen Knoten zusammengefügt („Überhandknoten"). Es entstehen Schlaufen von etwa 8–10 cm Länge, durch die die Holz- oder Metallstange geschoben wird. Die Stange ist mit Einkerbungen versehen, die für einen bestimmten Abstand der Fische sorgen und ein Aneinanderlegen und -kleben verhindern. Fehlen diese Einkerbungen, müssen die Fische vor Räucherbeginn nachgerückt werden.
Heute gibt es verschiedene Methoden. Die einfachste ist wohl das Aufspießen ganzer Fische auf sog. „Spitterstangen". Das sind rostfreie Stahlstangen mit höchstens 8 mm Durchmesser. Hierauf werden die Fische unterhalb des Kopfes aufgespießt und aufgereiht. Durch die Augen aufgespießte Fische fallen leichter ab. Es ist vielleicht die schnellste Methode. Auf einen bestimmten Abstand der hängenden Fische ist zu achten, damit der Rauch überall vorbeiziehen kann. Berührungsstellen geben weiße Flecken an den Fischen. Die Spitterstangen sind auf beiden Seiten zugespitzt und werden in den Korb, d. h. auf die Längsleisten des Korbes, gelegt. Die Fische werden, gleich welcher Art, unterhalb des Kopfes von der Bauchseite zum Rücken durchstoßen und so auf die Stange gezogen.

Haken

Eine weitere Methode verwendet Haken, die auf Querstangen oder Eisen aufgereiht werden. Es gibt die verschiedensten Formen aus rostfreiem Stahl. Am bekanntesten ist der S-Haken. Er wird unterhalb des Fischkopfes zum Rücken eingestoßen, dass der Kopf auf dem Haken zu liegen kommt. Wenn der Kopf sich auf die gegenüberliegende Seite neigt, kann er während des Räuchervorganges abreißen, der Fisch fällt vom Haken.
Der „Rötzer-Haken" (Konstruktion eines oberbayerischen Forellenzüchters) ermöglicht eine leichte, schnelle und saubere Aufhängung. Als Material dient V2A-Stahl. Der Haken lässt sich leicht reinigen. Zwei Flacheisen (4 cm breit)

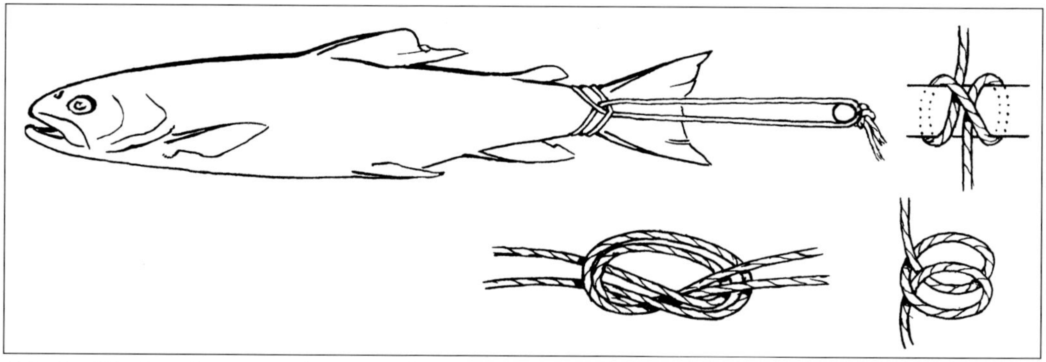

Abb. 60 Überhandknoten und Mastwurf

von einer Länge, die der Ofenbreite entspricht, werden aufeinander fest verschraubt mit einem Abstand voneinander, der zulässt, die Haken versetzbar zwischen sie zu schieben, so dass auf beiden Seiten Fische aufgespießt werden können. Der Fisch wird unterhalb des Kopfes an der geöffneten Bauchseite auf beide Dorne gesteckt. Die Wirbelsäule liegt zwischen den beiden Dornen. Diese Dorne sind leicht nach oben abgewinkelt, so dass der Fisch nicht abrutschen kann. Die V-förmige Erweiterung zur Mitte der Stange hin öffnet die Bauchseiten des Fisches, verhindert, dass sie sich einrollen, und garantiert dadurch eine gute Bräunung der Innenseiten und ein senkrechtes Hängen der Fische.

Einen ähnlichen Weg geht Wilfried Battenfeld, 49214 Bad Rothenfelde, Feldstr. 13, mit seinen Reihenspieß-Räucherstangen. Die Stange ist beidseitig mit Spießen bestückt, auf die man alle Fische und auch Fischstücke aufspießen kann. Forellen werden dabei kurz nach der Schwanzflosse, an der Schwanzwurzel, Aale nach der Kiemenhöhle aufgespießt. Das Aufspießen und das Abnehmen ist auch für ungeübte Kräfte verhältnismäßig einfach. Zum Aufspießen wird ein entsprechend geformtes Holz als Hilfe verwendet.

Ebenfalls sicher sind so genannte Doppelhaken aus rostfreiem Stahl. Hier unterscheidet man zwei Formen.

In beiden Fällen sind an dem eigentlichen Haken, der nur oben eine Krümmung hat, seitwärts im Abstand von wenigen Zentimetern zwei Spieße oder „Dorne" untereinander zum Aufhängen des Fisches befestigt.

In dem einen Fall sind diese Dorne in derselben Ebene wie die obere, zum Aufhängen des Hakens dienende Krümmung befestigt, im anderen Fall stehen die beiden Dorne im rechten Winkel zu der Ebene der Hakenkrümmung. Man verfolgt damit den Zweck, den Fisch entweder wie bei den übrigen Hakenformen einzuhängen oder, wenn die Dorne seitlich angebracht sind, hochrückige Fischarten zur Platzersparnis mit der schmalen Seite einzubringen.

Beide Dorne werden von der Bauchseite in das Rückgrat des Fisches eingestochen. Forellen und Renken können entweder mit dem Kopf nach oben oder nach unten aufgehängt werden. Auf die Nachteile der Blutstreifen ist bereits hingewiesen worden.

Der Doppelhaken mit den Dornen in der Ebene der oberen Aufhängekrümmung wird bevorzugt mit einer Biegung in der Linienführung

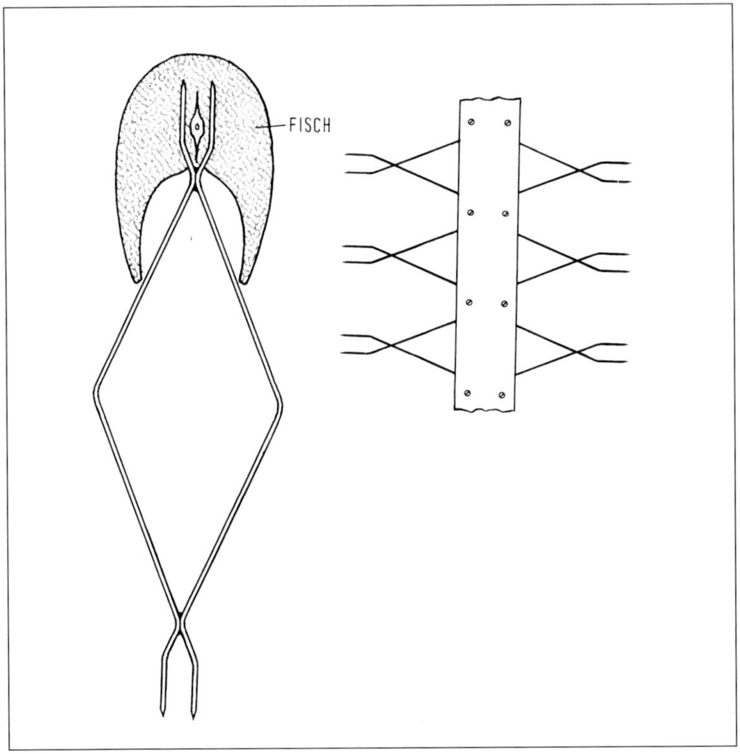

Abb. 61 Rötzer-Haken

des Hakens unter dem Aufhängebogen und oberhalb der Dorne benutzt. Die Biegung soll eine möglichst lotrechte Haltung der aufgehängten Fische erreichen. Besonders leicht zu reinigen und von langer Lebensdauer sind die aus einem Stück gestanzten Doppelhaken der Fa. AGK Kronawitter. Die Fa. Grassl bietet dreispießige Räucherhaken für größere Fische (über 500 g) und für hochrückige Fische wie Karpfen an. Für Brachsen gibt es auch spezielle Brachsenhaken mit fünf Aufspießstellen. Weitere Formen bieten verschiedene Kehlhaken.

Der eine ist ein doppelt gedrehter Draht, desssen untere Enden getrennt in einem Winkel von 50° auslaufen. Diese Enden des Drahtes sind zugespitzt und werden unterhalb des Kopfes links und rechts neben dem Rückgrat eingestoßen. Der abgebildete letzte Kehlhaken wurde von Horst Weygand, Am Kupferberg 19, 67817 Imsbach, entwickelt. Er ist vor allem bei Portionsforellen sehr leicht zu handhaben und hat sich gut bewährt. Er wird von oben oder unten durch das Maul eingeschoben und um die Wirbelsäule eingedrückt.

Für kleinere, leichte Fische genügt ein einfacher, rostfreier Draht, der am unteren Ende zu einem simplen, zugespitzten Dorn umgebogen ist. Der obere Haken zum Aufhängen kann der Rahmenleiste entsprechend gebogen sein. Dies sind die gebräuchlichsten Haken. Sie werden zum Aufhängen ganzer Fische benutzt.

Abb. 62 Reihenspieß-Räucherstange

Ein Teil derselben Haken eignet sich ebenfalls zum Aufhängen von halbierten Fischen. Große Exemplare und besonders die hochrückigen Brachsen und Karpfen werden oft längs gespalten. Diese halbierten Fische können auf Spitterstangen aufgereiht werden. Sicherer aber ist in allen Fällen die Hakenmethode. Der S-Haken ist allerdings bei halbierten Fischen nicht zu gebrauchen, wohl aber der Doppelhaken.

Die Erfahrungen mit Kehlhaken sind nicht günstig gewesen, die Fischhälften können abfallen.

Eine sehr leicht aus Draht selbst herzustellende Form ist der Augenhaken. Der Mittelsteg wird durch die Augen und der untere in den Fischkörper gedrückt. Derartige Haken verwendet die Fa. Feldmann, Willscheidweg 4, 57413 Finnentrop-Fretter, bei ihren Grillräucheröfen. Ob allerdings Räucherforellen mit leeren Augenhöhlen beim Kunden ankommmen, muss dieser entscheiden.

Zur Befestigung von Fischstücken, die von großen Karpfen, Brachsen, Forellen oder Hechten in ca. 5 cm breite Kotelettstücke geschnitten sind, ist die Aufreihung auf Spitterstangen möglich, indem die Fischstücke in der Rückenpartie durchstoßen werden. Beim Räuchern von zerteilten Fischen ist es immer vorteilhaft, wenn die Fischstücke mit der Haut eingehängt werden, sonst ist die Gefahr des Abfallens zu groß. Lediglich bei Verwendung eines Doppelhakens braucht die Haut nicht mehr am Fisch zu sein. Kehlhaken sind für Fischstücke mit Haut verwendbar.

Eine besondere Räucher-Aufhängevorrichtung, die ihre Liebhaber hat, ist das Einhängen von Fischstücken in einem Netzbeutel oder in Bast gebunden. Die Stücke fallen nicht herunter, der Arbeitsaufwand ist jedoch sehr groß. Wenn ein Netz oder der Bast nach dem Räuchern abgenommen wird, verbleibt auf den Fischstücken ein schönes Muster, was aber zu-

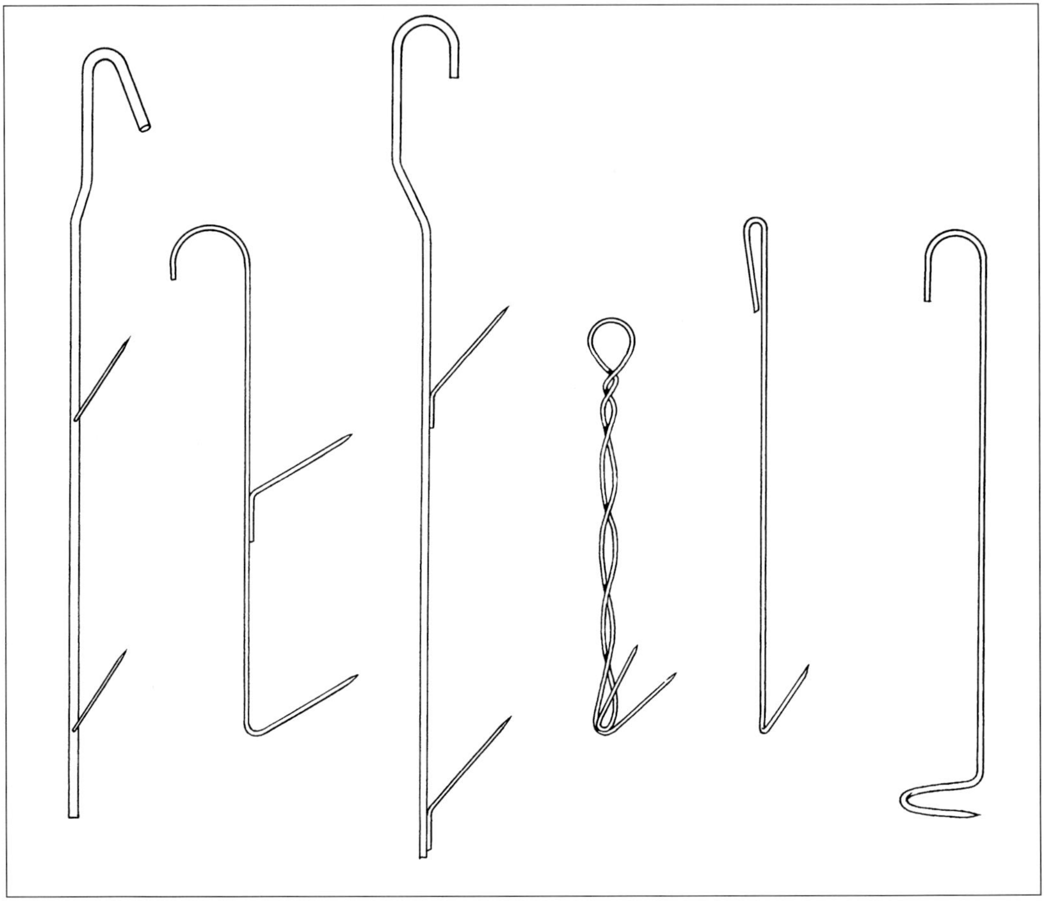

Abb. 63 Doppelhaken und Kehlhaken

gleich anzeigt, dass der Rauch nicht an allen Oberflächenpartien des Fisches gleichmäßig vorbeiziehen konnte. Vor dem Einhängen in den Ofen müssen die Fische nochmals kurz abgebraust werden. Der bereits erwähnte Abstand der Fische kann leicht beibehalten werden, wenn

1. Einkerbungen in den Rahmenleisten des Korbes den Abstand der Stangen garantieren und
2. die Stangen, auf die die bestückten Haken gereiht werden, mit entsprechenden Einkerbungen den Abstand der Haken regeln.

Die Fische sollten, ähnlich wie bei den Kleingeräten, niemals die Wände der Schränke oder Kammern berühren.

Roste

In einigen Kleinöfen werden die Fische nicht hängend, sondern liegend (flach auf der Seite) auf Rosten (Drahtgittern) geräuchert. Diese Roste sind so gearbeitet, dass der Fisch auf dem Rücken zu liegen kommt. V- oder U-förmige Drähte, die seitlich angebracht sind, stützen den Fisch ab. Ein so geräucherter Fisch bleibt sehr saftig, weil bei dieser Anbringung die entzogene Flüssigkeit im Fleisch verbleibt. Einige Fischereibetriebe sind bereits dazu übergegangen, in Räucherkammern ihre Fischfilets ebenfalls auf Rosten zu räuchern. Ein solcher Rost besteht aus einem Flacheisenrahmen, in den ein Drahtgitter (Nirosta) mit quadratischen Öffnungen (10 × 10 mm) eingezogen ist.

Der besseren Bräunung des Fisches wegen sollte der Durchmesser des Drahtes nicht über 1,0 mm hinausgehen. Am fertiggeräucherten Fischfilet sind dann die kleinen Quadrate als hübsches Muster zu sehen.

Es empfiehlt sich, vor dem Belegen der Roste mit den Filets die Roste leicht einzufetten. Räucherfilets werden vom Verbraucher wegen fehlender Gräten sehr geschätzt.

Die Größe der Roste richtet sich nach den Innenmaßen des Ofens bzw. nach den ausfahrbaren Körben. Auf seitlich angebrachten Laufleisten werden die Roste eingeschoben. Der Höhenabstand der Roste sollte mindestens 10 cm betragen.

In der Regel geht man aber den umgekehrten Weg und filetiert die ganz geräucherten Fische nach dem abgeschlossenen Räuchervorgang (siehe Kapitel Filetieren).

Abkühlen

Wenn der Räuchervorgang beendet ist, müssen die Fische sofort ab- und ausgekühlt werden. Wer in kleinen Geräten räuchert, wird seine Fische meist rauchwarm verzehren wollen. Oft werden die frisch geräucherten Fische vom Kunden warm verlangt. Er wartet gegen Ende des Räuchervorganges schon beim Fischer oder Forellenzüchter, um die Ware in Empfang zu nehmen. Wird die Ware nicht schon warm verkauft, muss das Abkühlen sorgfältig und hygienisch einwandfrei vorgenommen werden. Mit dem Absinken der Außen- und Innentemperatur der Fische auf die Raumtemperatur ist die Möglichkeit eines Befalls mit Keimen aus der Luft um so länger und mehr gegeben, je langsamer die Abkühlung vor sich geht. Vom hygienisch-wissenschaftlichen Standpunkt aus sollte man die Benutzung von Geräten, Ventilatoren u. ä., die den Vorgang beschleunigen, befürworten. Auf der anderen Seite verliert der Fisch bei schneller Temperaturabnahme an Rauchgeschmack, was dem Kunden nicht recht ist. Mitunter lässt man daher die Fische im Räucherofen an den Haken bei offenen Ofentüren und offener Abzugsklappe und völlig gelöschter Rauchentwicklung für kürzere Zeit hängen, um sie anschließend im Freien restlos zu kühlen.

Im Allgemeinen ist es üblich, die Fische mit dem Rahmen sofort aus dem Ofen zu nehmen und vor dem Räucherofen abkühlen zu lassen. Man öffnet die Fenster, wenn man die Garantie hat, staubfreien Luftzug zu haben. Wenn man genötigt ist, die Fische sofort abzunehmen, um mit demselben Rahmen weiterzuräuchern, ist ein Aufeinanderlegen der abgenommenen Fische zu vermeiden. Die Auskühlung erfolgt zu langsam und zu unterschiedlich, der Fisch bekommt Flecken an den Druckstellen und verliert an Aussehen.

Eine beschleunigte und kontinuierliche Temperatursenkung ist vorzuziehen.

Pflege der Geräte und Hakenreinigung

Beim Räuchern ist Sauberkeit oberstes Gebot, denn es handelt sich um Lebensmittel. Die Geräte, besonders die Haken, Roste und Spit-

Abb. 64 Abkühlen im staubfreien Gelände

terstangen, müssen saubergehalten werden. Sie sind, wie bereits erwähnt, aus rostfreiem Stahl oder Legierungen, so dass Verschmutzen durch Rostbildung kaum möglich ist. Es bildet sich an diesen Geräten durch das Räuchern und den Kontakt mit den Fischen aber eine bräunliche Schmutzschicht aus Fleischresten, Fett und Rauch, denn es lässt sich nicht verhindern, dass Haut- und Fleischteile kleben bleiben.

Die Reinigung dieser Zusatzteile ist arbeitsaufwendig und zeitraubend, da z. B. jeder Haken einzeln gebürstet werden muss. Ihre Säuberung geschieht leichter und schneller, wenn sie gleich nach dem Räuchern in eine Reinigungslösung gelegt werden. Sehr bewährt haben sich Reinigungsmittel aus der Getränke- und Nahrungsmittelverarbeitung, da sie gut säubern, den Schmutz lösen und desinfizieren. Sie sind gleichzeitig wirksam gegen Bakterien, Hefen, Pilze und daher zur Salmonellen- und Botulosebekämpfung sehr geeignet. Wir haben gute Erfahrung mit dem Desinfektions- und Reinigungsmittel Quartacid der Firma Schülke u. Mayr GmbH, 22851 Norderstedt, gemacht, die ihr Mittel auf Messen und Lebensmittel- und Landwirtschaftsausstellungen zeigt. Man stellt je nach Hakenzahl eine Lösung von 0,5 % (5 ml Quartacid auf 1 l Wasser) her und legt die Haken, die von der Lösung gänzlich bedeckt sein müssen, mindestens 2 Stunden oder über Nacht hinein.

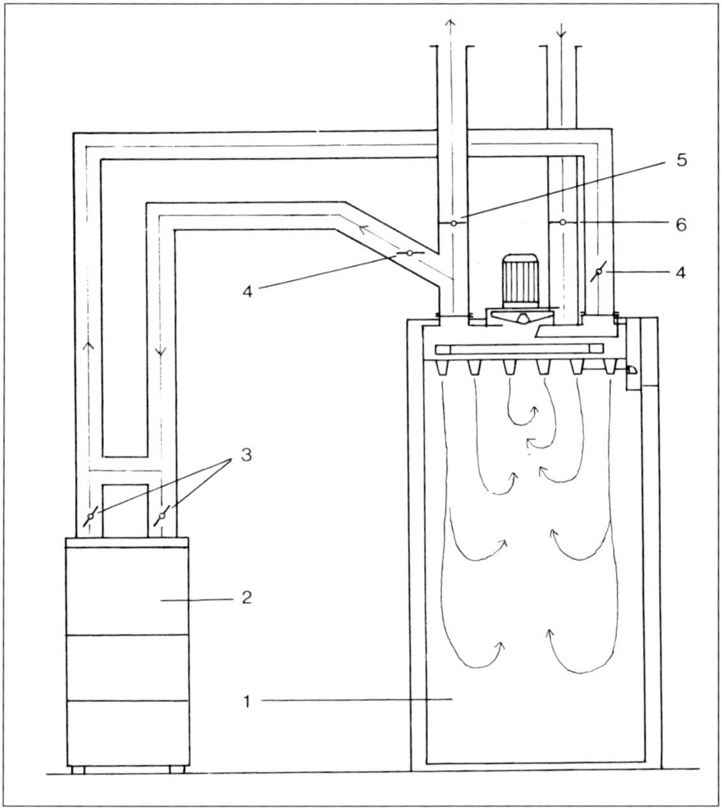

Abb. 65 Circo-Smoke-System, Fa. Ness u. Co. GmbH, 73630 Remshalden. Fließschema und Klappenstellung wie bei Rauchprozess gezeichnet.
1 Räucherkammer, 2 Raucherzeuger, 3 Drosselklappen, 4 Rauchklappen, 5 Abluftklappe, 6 Frischluftklappe

Ein weiteres Mittel, das sich gut bewährt hat, ist das Reinigungskonzentrat mit Desinfektion zum Entfernen von Eiweiß- und Rauchteerverschmutzung Teerex-M der Firma Wigol W. Stracke GmbH, 67547 Worms. Es wird in 1–5 % Verdünnung angewendet.
Nach dem Entnehmen aus der Lösung werden die Haken, Roste und Stangen mit einem scharfen Heißwasserstrahl abgebraust und anschließend getrocknet.
Reinlichkeit im Betrieb wird vom Kunden stets positiv gewertet und ist eine wirksame Werbung.

Umweltfreundliche Räucherkammern

Es ist nicht selten, dass der beim Räuchern an die Umwelt abgegebene Rauch vor allem in dichten Siedlungsgebieten zu Nachbarschaftsbelästigungen führt. Die Menschen in Ballungszentren sind in der heutigen Zeit für derartige Dinge hellwach geworden und reagieren schnell auf Umweltbelästigungen. Der Geruch ist vielen unangenehm und sie fürchten sich vor den möglicherweise krebsfördernden Kohlenwasserstoffen.

In diesem Zusammenhang ist eine technische Entwicklung interessant, die das Räuchern ohne Umweltbelästigung anstrebt. Räucherabgase werden vermieden, indem der naturbelassene Räucherrauch während des Räuchervorganges in einem geschlossenen System zirkuliert. Die Abluftklappe bleibt während dieser Zeit geschlossen. Dieses umweltfreundliche Prinzip hat seit längerer Zeit bei der Herstellung von Wursterzeugnissen durchschlagenden Erfolg erzielt und erfüllt die TA Luft (Technische Anleitung zur Reinhaltung der Luft) ohne Nachverbesserung oder Katalysator.

Uns ist ein Fabrikat der Firma Ness u. Co. GmbH bekannt, das sich UNIGAR-CIRCO-SMOKE-System „CombiFisch“ nennt. Hier wird die UNIGAR-Kammer mit dem Raucherzeuger im geschlossenen System betrieben, wobei keine Umweltbelästigung mehr stattfindet und der Fisch dennoch in der bisher bekannten Qualität geräuchert werden kann.

Die Firma Ness u. Co. GmbH liefert UNIGAR-KOMBI-FISCH-Räucherkammern in vielen Größen, angefangen bei Systemen für den Kleinbetrieb bis zur Anlage für die große Räucherei. Weitere Erkundigungen sind bei der Firma Ness u. Co. GmbH in 73626 Remshalden einzuholen.

UNIGAR-KOMBI-FISCH-Anlagen werden für das Räuchern von Makrelen, Aalen, Bücklingen, Heilbutt, Rotbarsch, Schillerlocken, Stör, Sprotten und Forellen angeboten. Die Anlagen können für alle Räuchermethoden (Kalt-, Warm-, Heißräuchern), Trocknen, Brühen, Garen und Auftauen benutzt werden.

Sollen zusätzlich auch klimagesteuerte Kaltrauchprozesse, wie sie z. B. für Lachs usw. notwendig sind, gefahren werden, so bietet die Firma Ness u. Co. GmbH zusätzlich für alle UNIGAR-Typen ein separates Klimapaket an. Dadurch ist gewährleistet, dass der Kaltrauchprozess mit den exakt eingestellten Werten für Temperatur und Feuchtigkeit ablaufen kann. Mit den Ness Mikroprozessoren können 100 Arbeitsprogramme mit je 12 Programmeinheiten abgespeichert werden.

Selbstverständlich können UNIGAR-KOMBI-FISCH-Anlagen für alle üblichen Beheizungsarten wie Elektro, Gas, Öl oder sogar Dampf geliefert werden. Die Anlagen kommen nur für gewerbliche und industrielle Räucherbetriebe in Frage, nicht dagegen für Hobbyräucherer.

So isst man Räucherfisch

Nicht aus dem Kühlschrank, sondern mindestens bei Zimmertemperatur isst man den Räucheraal! Er lässt sich so auch leichter abhäuten. Dieser Vorgang wird je nach Größe und Stärke der Aale verschieden gehandhabt.
Der kleine Bundaal stellt einen Portionsfisch dar. Er wird bei Tisch abgezogen. Dazu hält man ihn mit der linken Hand am Schwanzende und reißt mit der rechten Hand auf der einen Körperseite die Haut am Beginn des unteren Flossensaumes bis quer über die Seite des Fisches ein. Dann kann man leicht die ganze Haut dieser Seite zum Kopf hin abziehen. Ebenso wird auf der anderen Seite verfahren. Die Großräucherei Friedrich Bruns in 26160 Bad Zwischenahn, die nur frisch geschlachtete Aale räuchert, empfiehlt, den „Schwortaal" nun in beide Hände wie eine Mundharmonika zu nehmen und das Fleisch von der Hauptgräte (Wirbelsäule) abzunagen. Ein guter Korn fördert als Getränk die Bekömmlichkeit. Ein kleines aromatisches Reinigungstuch dient zum Reinigen der Finger. Ist kein geeignetes Messer zur Hand, bricht man den Rauchaal über seinen Rücken nach hinten, reißt an der Bruchstelle die Haut ein und zieht sie zum Schwanz ab. Gelingt das Einreißen der Haut nicht, streift man die Haut, die sich an den geöffneten Bauchseiten leicht lösen lässt, nach hinten ab.
Der starke Aal wird am besten für eine „kalte Platte" filetiert, indem man, ähnlich wie grundsätzlich beim Filetieren, ein spitzes Messer vom Rücken her hinter dem Kopf bis zur Bauchseite durchsticht und über die Wirbelsäule bis zum Ende des Schwanzes zieht. Man wiederholt den Vorgang, indem man das Messer noch einmal unter der Wirbelsäule nach hinten entlangführt. So entfernt man die Wirbelsäule und hat die Filets in Form von 2 Längshälften auf der Aalhaut liegen. Die Hälfte hält man an der Schwanzspitze fest und löst das Fleisch mit einem großen Löffel oder einem Messer von der Haut von hinten nach vorne ab.
Bruns empfiehlt, die Aalfiletstücke bis zum Servieren dunkel aufzubewahren, um eine Verfärbung des Aalfleisches zu vermeiden.
Auch für andere Räucherfische gilt die Regel, sie handwarm zu servieren, da nur so das Räucheraroma voll zur Entfaltung kommt. Beim Verzehr kann man nun so verfahren, wie es im folgenden Kapitel beim Filetieren beschrieben wird. Hat man ungeübte Fischesser zu Gast, empfiehlt es sich, die Räucherfische filetiert zu servieren. Schöner ist aber auf jeden Fall eine Platte mit ganzen Fischen. Für den Verzehr ganzer Fische kann man ein paar einfache Tipps geben. Hat der Esser den Fisch vor sich auf dem Teller, entfernt man zuerst alle Flossen. Dann trennt er mit einem Messer die Haut am Rücken vom Kopf bis zum Schwanz und am Bauch vom After bis zum Schwanz auf. Nun kann er die oben liegende Haut entfernen. Mit dem Messer wird die Seitenlinie entlang gefahren, um die Muskulatur zu öffnen, und nun kann die Rückenpartie nach oben und die Bauchpartie nach unten geklappt werden. Durch Anheben der Schwanzflosse wird die Rückengräte mit Bauchgräten abgehoben. Nach Entfernen der letzten 2–4 Bauchgräten, die meist von der Rückengräte abreißen, hat der Esser jetzt grätenlose Filets (bei Forellen und Renken) vor sich. Bei Weiß-

Abb. 66 Geräucherte Brassen. Foto: J. Lorenz

fischen müssen noch aus der Rücken- und Schwanzpartie die Y-Gräten (Fleischgräten) beim Essen entfernt werden. Auf diese Weise bereitet auch der Verzehr ganzer Räucherfische keine Schwierigkeiten und damit ungetrübten Essgenuss.

Räucherfisch kann aber nicht nur sozusagen natur gegessen werden, sondern er lässt sich auch weiterverarbeiten. Räucherfischplatten, schön garniert, kommen bei jeder Party gut an. Als Bestandteil einer Fischsuppe mit Fleischbrühe lassen sich vor allem Räucherfischreste optimal verwerten. Den meisten Anklang aber dürften Räucherfischsalate finden. Hier einige Rezepte für den Hausgebrauch (4 Personen).

Räucherfischsuppe, Gasthof Weißensee b. Füssen

1 geräucherte Renke
3/4 l Fleischbrühe
1 kl. Dose Champignons
2 Tomaten
1 kl. Zwiebel
1 Bund Petersilie, Dill, Schnittlauch
Biskin, Weißwein, Zitronensaft, Salz, Pfeffer, weiß gemahlen, Worcestershire Sauce.

Vorbereitung: Renke filieren und in kleine Stücke schneiden, Tomaten schälen, entkernen und würfeln, Zwiebel in kleine Streifen schneiden, Kräuter fein hacken, Champignons abtropfen lassen.

Zubereitung: Zwiebel und Champignons glasieren, mit Fleischbrühe aufgießen, Tomatenwürfel und Fischstückchen dazugeben und kurz aufkochen lassen. Kräuter dazufügen. Mit Salz, Pfeffer, Zitronensaft, Weißwein und Worcestershire Sauce abschmecken.

Oberbayerischer Räucherfischsalat

2 geräucherte Portionsforellen oder -renken oder sonstigen Räucherfisch (400 g)
200 g gekochtes Rindfleisch oder Schinken
3 kleine Gewürzgurken
Delikatessremoulade (3–5 Esslöffel)
1 Tomate
1 gekochtes Ei
Salz und Pfeffer
Zubereitung: Fische filieren und entgräten. Fischfilets, Rindfleisch oder Schinken und Gurken klein schneiden. Mit Remoulade vermischen und mit einer Prise Salz und Pfeffer nachwürzen. Zum Schluss mit Tomaten- und Eischeiben garnieren.
Getränk: Pils oder Franken-Riesling.

Curry Räucherfischsalat

800 g Räucherfisch
1 Apfel
1/8 l Sahne
Mayonnaise (2 Esslöffel)
2 Tomaten
2 Gewürzgurken
Salz, Pfeffer und Curry.
Zubereitung: Fisch entgräten und in kleine Stücke schneiden, Apfel, Tomaten und Gurken ebenfalls zerkleinern und mit dem Fisch vermischen. Aus Mayonnaise mit Sahne, Salz, Pfeffer und Curry eine pikante Sauce anrühren und mit den anderen Zutaten vermengen. Auf Kopfsalatblättern anrichten.
Getränk: Moselwein, trocken.

Forelle in Riesling-Aspik

4–6 Räucherforellenfilets ohne Haut
Aspik aus:
1/4 l Riesling
1/4 l Brühe
1/4 l Wasser mit Zitronensaft
9 Blatt eingeweichte Gelatine
Zubereitung: Filets auf einer Platte anordnen, mit Lorbeerblättern, Wacholderbeeren und Tomatenscheiben garnieren. Darüber die Aspikflüssigkeit geben, so dass die Filets vollständig bedeckt sind. Dazu reicht man eine Sauce aus Remoulade, Joghurt oder Crème fraîche mit Kräutern und einer Spur Knoblauch.
Getränk: trockener Riesling.

Filetieren[1]

Mit steigenden Ansprüchen der Verbraucherkreise werden Forellen und Renken in zunehmendem Maße als Filets verlangt. Diese Fische lassen sich mit einem Gewicht von 250-400 g gut filetieren, da bei dieser Größe ein günstiger Fettanteil vorhanden ist. Dazu dürfen die Fische nach dem Räuchern nicht zu trocken sein, die Rippen des trockenen Fisches lassen sich schwerer entfernen. Noch nicht völlig erkaltete Fische eignen sich am besten zum Filetieren.

Scharfe, elastische Messer werden benötigt. Zuerst schneidet man mit einem Schrägschnitt von beiden Seiten des Fisches den Kopf und den Schwanz ab. Rücken- und Afterflossen zieht man mit der Hand heraus und schlitzt die Haut zum verbliebenen Schwanzstück auf der Bauchseite auf. Dann schneidet man die Haut in der Mitte des Rückens längs von vorn nach hinten auf und trennt die beiden Rückenmuskelpartien voneinander.

Das Messer wird vom Rücken zur Bauchseite über die Wirbelsäule weitergedrückt bis zum Ansatz der Bauchgräten (Rippen im vorderen Teil des Fisches). Ein Abdrücken der Bauchgräten nach unten und Weiterschieben des Messers oberhalb dieser Gräten trennt das Fleisch vollständig von den Gräten. So ist die Hälfte filetiert.

Bei seitlicher Auflage des Fisches ist die untere Längshälfte mit Rückgrat und Bauchgräten liegengeblieben. Mit vorsichtigem Abheben lässt sich das Rückgrat zusammen mit den Bauchgräten von der zweiten Längshälfte entfernen. Die letzten 2–4 Bauchgräten, zum After hin, lösen sich dabei meist von der Wirbelsäule und bleiben am Filet haften. Sie müssen noch gesondert entfernt werden, um das Filet vollständig grätenfrei zu machen.

Nach Auflegen der noch an der Haut befindlichen Fischhälften mit der Fleischseite auf Pergamentpapier lässt sich die Fischhaut leicht abnehmen. Mit oder ohne Haut können die Fischhälften abgegeben oder vakuumverpackt werden.

Bei erkalteten Fischen werden die Gräten ähnlich entfernt. Kopf, Schwanz, Rücken- und Afterflossen nimmt man auf die gleiche Weise ab. Die Haut in der Mitte des Rückens wird nicht durchschnitten, nur das Schwanzendstück mit dem Messer längs halbiert. Die Wirbelsäule erfasst man am Schwanzende mit der Hand und hebt sie langsam nach oben. Dabei wird sie mit den Rippen (Bauchgräten) von der unteren Hälfte des Fisches abgezogen. Nach Wenden des Fisches macht man auf die gleiche Weise die andere Fischhälfte grätenfrei. Da die Rückenpartie unbeschädigt geblieben ist, kann der Fisch wieder zusammengeklappt werden.

Neuerdings werden auch geräucherte Aale filetiert zum Verkauf angeboten. Der ausgekühlte Aal wird mit einem scharfen Messer längs halbiert. Der Kopf und das dünne

[1] Fischfilets sind Fischteile, die nach Entfernung der Bauchlappen der Länge nach parallel zur Rückengräte geteilt, enthäutet und, soweit technisch möglich, entgrätet werden (aus den Leitsätzen).

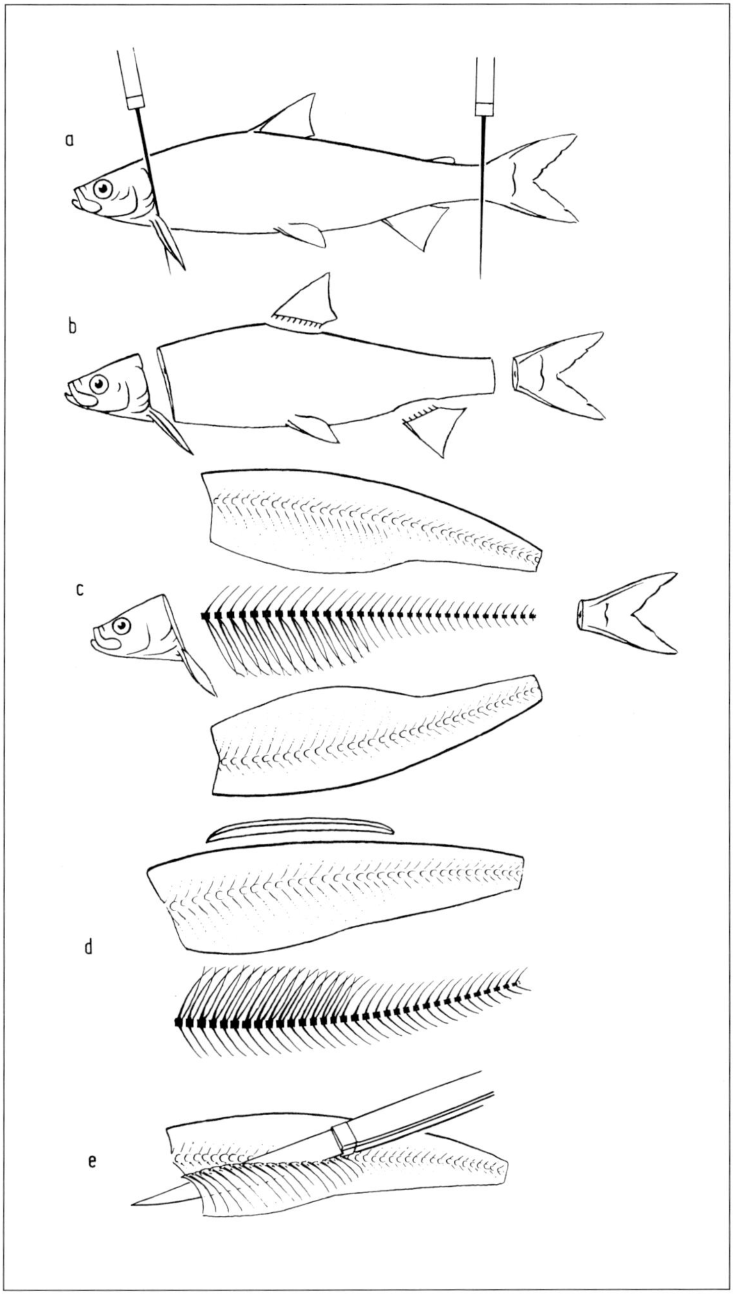

Abb. 67 Filetieren

a. Mit Schrägschnitten von beiden Seiten werden Kopf und Schwanz entfernt. Der Kopf wird mit den Brustflossen abgeschnitten.
b. Rücken- und Afterflosse mit der Hand herausziehen. Auf der Bauchseite des Schwanzstücks aufschlitzen
c. Teilen der Filetstücke
d. Entfernen des Rückenfettansatzes
e. Entfernen etwa noch verbliebener Bauchgräten

Schwanzende werden abgeschnitten. Die an einer Körperhälfte verbleibende Hauptgräte entfernt man durch Anheben. Anschließend wird das Muskelfleisch mit einem großen Löffel aus der Haut, beginnend an der Kopfseite, ausgerollt. In Stücke geschnitten oder gerollt kommt das Aalfilet in den Verkauf. In mehreren Betrieben hat sich auch das Räuchern von Filets eingebürgert. In diesem Falle wird der Fisch grün filetiert, und die Filets werden auf Roste gelegt und geräuchert. Das Filieren roher Fische läuft folgendermaßen ab: Zuerst werden vom Kopf zum Schwanz die beiden Filets herausgeschnitten, dann die Flossen mit den Flossenträgern entfernt, und zum Schluss werden die Bauchgräten herausgeschnitten. Will man Filets ohne Haut gewinnen, kann man sich das Schuppen ersparen und löst als letzten Arbeitsgang die Haut vom Schwanz nach vorne mit den Schuppen ab. Für Großbetriebe sind spezielle Filetiermaschinen auf dem Markt. Vor allem in der Schweiz, aber auch in Deutschland, sind diese in vielen Betrieben eingeführt.

Lagern der geräucherten Fische

Wird der Fisch nicht gleich vor dem Ofen verkauft, muss er ausreichend kühlgehalten werden, bei mehrtägiger Aufbewahrung bei einer Temperatur von möglichst +3 °C in einem besonderen und sauberen Raum. Die Temperatur soll konstant sein.

Schlechthin kann der Räucherfisch unverpackt, aber abgedeckt, im kühlen und sauberen Keller 2–3 Tage, im Kühlschrank bei einer Temperatur von +3 °C bis zu höchstens 6 Tagen und vakuumverpackt 2 Wochen und länger aufbewahrt werden. In den ersten 3 Tagen nach dem Räuchern ist der Geschmack des Fisches am besten.

Nach 16 Tagen ist bei vakuumverpackter Ware in der Regel mit einem deutlichen Abfallen der Geschmacksqualität zu rechnen. Da der Wassergehalt des Fisches durch Salzen, Trocknen und Räuchern verringert worden ist, lassen sich Räucherfische einfrieren und in einer Tiefgefriertruhe aufbewahren.

Bei einer Temperatur von mindestens -35 °C braucht eine Masse von 50 kg Frischfisch etwa 72 Stunden zum Durchfrieren. Das ist eine verhältnismäßig lange Zeit. Die Fische sollten daher besser einzeln auf einer Unterlage eingefroren werden. Das ist für geräucherte Fische ebenfalls sehr zu empfehlen. Vakuumverpackte Räucherfische sind beim Einfrieren vorzuziehen.

Die Dauer des Aufbewahrens in einer Gefriertruhe sollte auf 2–3 Monate beschränkt bleiben.

Unmittelbar vor dem Verzehr sind diese Räucherfische zu wärmen. Der Geschmack nach Rauch ist intensiver. Das Ablösen des Fischfleisches von der Haut und das Zerlegen lassen sich jetzt wesentlich leichter erledigen. Das Fett unter der Haut schmeckt besser. Wenn Eis zur Kühlhaltung verwendet wird, darf es nur von hygienisch einwandfreiem Leitungswasser gewonnen werden (Trinkwasserqualität).

Bei Versand und Transport ist zu beachten, dass die Kühlkette nicht unterbrochen wird. Styroporverpackungen sind zu empfehlen.

Für das gewerbliche Herstellen, Behandeln und Inverkehrbringen von Räucherfischen sind die Bestimmungen der Lebensmittelhygiene-Verordnung und der Fischhygiene-Verordnung und – sofern die Fische tiefgefroren werden – die „Leitsätze für tiefgefrorene Lebensmittel“ und „Leitsätze für tiefgefrorene Fische und Fischerzeugnisse“ des Deutschen Lebensmittelbuches zu beachten.

Frische Räucherfische haben je nach Art ein fettglänzendes gold- bis dunkelbräunliches Aussehen. Je älter der Fisch ist, um so stumpfer wird die Farbe durch Eintrocknen des Fettes! Das kennt der Verbraucher bereits von geräucherten Sprotten und Bücklingen.

Zersetzungen treten zuerst in dem Fleisch, das um die Wirbelsäule liegt, auf. Es bleibt nicht weißlich oder rötlich, wird locker und beginnt schließlich zu riechen. An einem Holzstäbchen (Zahnstocher), das man in diese Stellen einsticht, kann man nach dem Herausziehen den Fleischgeruch kontrollieren. Riecht das Hölzchen muffig, ist der Fisch genussuntauglich.

Das Schönen der Ware durch Überstreichen von nicht mehr frischen Räucherfischen mit

Öl und das Polieren ist eine bewusste Täuschung und nach dem Lebensmittel- und Bedarfsgegenständegesetz verboten.
Aale, die gefroren importiert worden sind, müssen ausreichend kenntlich gemacht werden (Kenntlichmachungspflicht). Diese Pflicht sollte auf alle Fischarten, die vor dem Räuchern tiefgefroren waren, erweitert werden.

Bei fest verpackten Fischen ist nach der Lebensmittelkennzeichnungs-Verordnung auf der Packung alternativ das Räucherdatum oder das Abpackungsdatum und zwingend im gleichen Sichtfeld die Verkehrsbezeichnung, Mengenzahl und Mindesthaltbarkeitsdatum anzugeben. Bei der Lagerung von Räucherfischen besteht leicht die Möglichkeit, dass

Abb. 68 Räucherware aus Seefischen – eine wunderbare Palette. Foto: FIMA

sie fremden Geruch annehmen, wenn sie in die Nähe starkriechender Gegenstände wie etwa Käse, Seife oder Petroleum gelegt werden. Der Rauchfisch nimmt leicht andere Gerüche an, was bei Aufbewahrung im Kühlschrank, in der Gefriertruhe und im Keller zu beachten ist.

Nach Erfahrungen und Messungen der Bayerischen Landesanstalt für Fischerei in Starnberg treten beim Ausnehmen und Räuchern der zuvor aufgeführten Süßwasserfischarten der genannten Gewichtslasse etwa folgende Gewichtsverluste in Prozent vom Gewicht der genüchterten Fische auf. 50 Exemplare der vorstehenden Fischarten wurden von jeder Art gemessen.

Gewichtsverluste in %

	Forellen ca. 250–300 g	Renken ca. 300 g	Karpfen ca. 1500 g	Aale ca. 500 g
Eingeweide	9,02	8,00	14,00	6,00
Kiemen	2,53	2,03	2,86	–
Niere und Schleim	2,86	1,02	2,96	1,76
Verlust beim Schlachten	14,41	11,05	19,82	7,76
Räucherverlust	10,02	12,00	16,00	14,57
Gesamtverlust vom lebenden, genüchterten Fisch	24,43	23,05	35,82	21,33
Weiter durch Filetieren	24,00	24,30	15,80	26,50
Kopf, Schwanz, Gräten, Haut	–	–	–	–
Summe:	48,43	47,35	51,62	47,83

Die Angaben über Gewichtsverluste beim Ausnehmen und Räuchern beziehen sich auf Forellen aus Teichen, nicht aus Gehegehaltungen.

Verpackung, Kunststoff-Folien und Plastiktüten

Zum „Behandeln von Fischen" gehört das Verpacken bei Verkauf oder Ablieferung. Wie alle Maßnahmen zum Behandeln der Fische fällt damit das Einwickeln oder Verpacken von Räucherfischen unter die Bestimmungen und in den Aufsichtsbereich des Lebensmittel- und Bedarfsgegenständegesetzes. Je nach dem Weg vom Erzeuger zum Verbraucher wird die Abgabe von geräucherten Fischen wie auch von Frischfischen hinsichtlich der verwendeten Packstoffe und Verpackungsmittel verschieden sein. Beim Angler ist der Verpackungsaufwand im Allgemeinen gering und unterliegt keinen Oberwachungsvorschriften. Hier sind hygienische Gesichtspunkte und solche der Frisch- und Sauberhaltung im eigenen Interesse gegeben. Kunststoff-Folien als Packstoff und ebenfalls Klarsicht-, Plastik- und Frischhaltebeutel als Packmittel erfüllen die Anforderungen an eine einwandfreie Aufbewahrung der erbeuteten Fische, wenn ein kurzer Transport vom Fischwasser oder von der Räucheranlage zur Wohnung notwendig ist. Durchsichtige Verpackungsmittel aus Folien empfehlen sich ebenfalls bei Abgabe von geräucherten Fischen als Präsente bei Preisfischen, auf Fischerfesten, bei Verlosungen, bei Weihnachtsfeiern usw.; sie brauchen nicht speziell auf das Fischerzeugnis abgestellt zu sein. Anders liegen die Verhältnisse beim Verkauf von Räucherfischen. Der Süßwasserfisch, auch in geräucherter Form, ist ein Lebensmittel und unterliegt – verpackt oder unverpackt – den lebensmittelrechtlichen Vorschriften und den Kontrollen der Lebensmittelüberwachung. Schließlich steigt heute die Käufer- oder Verbrauchererwartung auf dem Lebensmittelsektor, was vom Lieferanten auf der Süßwasserfischsparte unbedingt berücksichtigt werden muss. Speziell bei der Räucherware wird eine längere Haltbarkeit erwartet, und ihre Lieferanten, seien sie Forellenzüchter, Berufsfischer oder Absatzgenossenschaften, sollten durch optimale Verpackungsweise diesen Anforderungen gerecht werden.

Beim Aushändigen an den selbst abholenden Verbraucher ist meist noch die Verwendung von Pergamentpapier üblich und ausreichend. Sie genügt ebenfalls für kurze Transporte bei der Zustellung kleinerer Mengen in loser Form. Das Pergamentpapier muss um so stärker sein, je fetter die Rauchfischart ist (Aal, Lachs, Renke bzw. Maräne). Ein Nachteil des Pergamentpapiers ist die geringere Durchsichtigkeit und Anschmiegsamkeit sowie größere Steifheit. Wesentlich weicher, durchsichtiger, fettundurchlässiger und leichter sind Kunststoffe, die in Form von Folien oder Plastiktüten aus PVC-Schrumpffolien oder aus Polystyrol heute immer häufiger verwendet werden. Sie eignen sich besser sowohl für kurze Transporte bei einer direkten Zustellung als auch zur ersten Verpackung bei Versandlieferungen in festen Abpackungen, zu denen luftdicht schließende und wärmeisolierende Styroporbehälter und stapelbare Kisten aus leichten Kunststoffen an die Stelle von Holzkisten getreten sind. Bei glatter und doch weicher Oberfläche des neuen Materials ist eine geringere Keimzahl als beim Holz festgestellt worden. Sie sind demnach hygienischer und die Ware ist haltbarer.

Was die Kunststoff-Folien zum Verpacken der Fische betrifft, so wird eine immer größere Anzahl von Folien verschiedener Substanzen angeboten. Bereits in den Siebzigern waren es mehr als 50 Sorten, und hier ist der unterschiedliche Werkstoff zu beachten. An alle Folien der verschiedenartigen Kunststoffe zum Verpacken von Lebensmitteln müssen generell und damit ebenso für Fische und Fischerzeugnisse folgende Anforderungen gestellt werden: Sie müssen geruchs- und geschmacksneutral, aroma- und fettdicht, transparent, weich und bei sehr hoher und tiefer Temperatur mechanisch resistent, für die Fischindustrie maschinengängig und schließlich preiswürdig sein. Die höchsten Anforderungen werden an Folien für Vakuumverpackung gestellt. Diese müssen hochdicht gegenüber Luft (Sauerstoff und Kohlensäure) und Wasser sein.

Wie bekannt, werden Kunststoff-Folien wegen ihrer Durchsichtigkeit zum Verpacken der verschiedenartigsten Gegenstände, nicht allein für Lebensmittel, verwendet. Bei der Herstellung fügt man dem eigentlichen Kunststoff manchmal bestimmte chemische Stoffe bei, „Weichmacher" genannt. Sie sollen das Folienmaterial besonders weich und geschmeidig machen, um es u. a. raumsparend bei der Verpackung zu verwenden. Es hat sich herausgestellt, dass bestimmte Weichmacher-Zusätze auf einen fettreichen Inhalt, wie es Fisch und Fleisch zweifelsohne sind, bei unmittelbarer Berührung von nachteiligem Einfluss sein können. So eignet sich nicht jede Art von Folie zur Lebensmittelverpackung. Speziell bei einer Vakuumverpackung ist daher nicht allein auf die Sauerstoff- und Wasserdichtigkeit der Folie, sondern auch auf die chemische Zusammensetzung des Folienstoffes zu achten. Da die Angebote an Kunststoffen sich laufend ändern und erweitern, können hier schwerlich umfassende, konkrete Angaben gemacht werden. Es empfiehlt sich, beim Bezug des Materials den Lieferanten bzw. Erzeuger zu befragen, ob die betreffende Folienart dem Lebensmittel- und Bedarfsgegenständegesetz entspricht.

Seit 1957 empfiehlt in der Bundesrepublik Deutschland ein besonderer Ausschuss, die sog. „Kunststoffkommission" beim Bundesgesundheitsamt, die Unbedenklichkeit bei der Verwendung der einzelnen Folienarten für den jeweiligen Zweck. Sie gibt Empfehlungen für die gesundheitliche Beurteilung der Kunststoffe und ihrer Zusätze (Weichmacher) heraus. Hier können entsprechende Informationen jederzeit eingeholt werden.

Bis auf diesen vermeidbaren Nachteil, der im Allgemeinen nur bei längerer Aufbewahrung des Fisches in Vakuumverpackung und vielleicht am wenigsten beim nicht enthäuteten Räucherfisch spürbar sein kann, bieten die Folien doch in technologischer Hinsicht beträchtliche Vorteile. Dazu kommt – vom Einkaufspreis abgesehen – ein weiterer Vorteil in ökonomischer Hinsicht. Die meisten Folienarten sind heute zur Erweiterung ihres Funktionsbereiches mehrschichtig (Verbundfolien u. a.). Sie bieten damit leicht die Möglichkeit, eine der Folienschichten (mit Ausnahme der inneren!) bedrucken zu lassen und auf diese Weise das Füllgut, die Fischware, nach lebensmittelrechtlichen Vorschriften zu kennzeichnen und zugleich für den Lieferanten zu werben. Von dieser Möglichkeit einer Werbung für Fisch und Betrieb wird heute in den meisten Fällen Gebrauch gemacht. Auf den Versammlungen der Züchter, Berufsfischer und Fischereigenossenschaften wird immer wieder eine stärkere Werbung für den Süßwasserfisch verlangt. Betriebe müssen aus Konkurrenzgründen für sich werben. Mit einem ansprechenden Folienaufdruck ist eine recht wirksame Werbung in beiden Richtungen – Fisch und Person – zu erreichen, die mit den Forderungen des Lebensmittelrechts in Einklang steht.

Vakuumverpackung

Die bisher weitgehendste Garantie für Haltbarkeit hat der Verbraucher, wenn der Räucherfisch vakuumverpackt ist. Durch vollständigen Entzug von Luft und bei weitgehendem Fehlen von Bakterien bleibt der auf diese Weise verpackte Fisch einwandfrei. Ein geringer Temperaturanstieg oder -wechsel beim Transport bis +5 °C schadet nicht. Die Ware bleibt durch das hohe Vakuum haltbar. Es ist natürlich ratsamer, eine Temperaturerhöhung zu vermeiden und auch den so verpackten Fisch kühl aufzubewahren. Er kann in dieser Verpackung tiefgefroren werden. Der Fisch, ob mit seiner Haut verpackt oder filetiert, bleibt saftig und erleidet keine Gewichtsverluste. Korrekt vakuumverpackte Fische bleiben kühl gelagert bis zu 6 Wochen haltbar, eingefroren wesentlich länger.

Die Vakuumverpackungsmaschinen arbeiten nach einheitlichem Prinzip. Die Fischware wird in das Folienpäckchen gelegt und dieses nach Anheben des Deckels in eine oben auf der Maschine befindliche Kammer gebracht. Nachdem die Kammer mit den gefüllten Folienbeuteln beschickt ist, wird der Deckel wieder verschlossen. Beim Einschalten der Maschine wird die Kammer einschließlich der Beutel evakuiert, indem eine Vakuumpumpe die Luft aus der Kammer und aus den Beuteln absaugt. In einem anschließenden automatischen Arbeitsgang werden die Packungen verschweißt, in anderen Fällen verklippt und sind damit luftleer und gegen Luftzutritt abgeschlossen. Nach Wiederbelüftung der Kammer werden bei geöffnetem Deckel die Beutel entnommen. Je nach Leistung der Pumpe wird ein Endvakuum von 99,6–99,9 % erreicht. Die Vakuummaschinen können außerdem so konstruiert sein, dass sie nach der Luftevakuierung die Kammer mit besonderem Gas (Inertgas – meist Stickstoff) wieder füllen. Die Packungen werden nun versiegelt. Das Füllgut erhält auf diese Weise ein schützendes Luftkissen. Diese Methode wird viel bei Verpackungen von Fleischteilen, Wurst und Teigwaren angewandt, weniger dagegen beim Räucherfisch. Die Kammern können verschieden

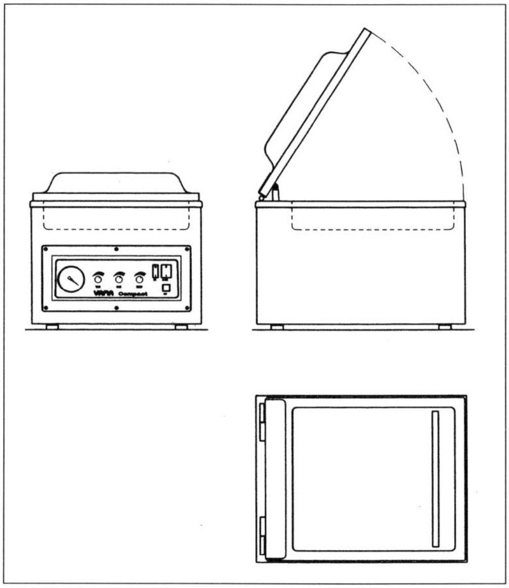

Abb. 69 Vakuum-Verpackungstischgerät, VP 360T, Fa. Vama, Waltenhofen, Kammergröße: B 40 cm, T 36 cm, H 11 cm, Schweißlänge 34 cm, Gewicht 51 kg.

Abb. 70
Vakuumverpackte Regenbogenforellen.
Foto: K.-H. Zeitler

groß sein. Wenn die Kammermulde der Tiefe nach von der flachen (niedrigen) Fischpackung nicht ausgefüllt ist, kann der Leerraum lückenlos mit Ausfüllplatten ausgeglichen werden. Die Arbeitsvorgänge, die, wie erwähnt, automatisch ablaufen, sind durch außen angeordnete Zeitschaltwerke beliebig zu steuern.

Moderne Verpackungsmaschinen arbeiten mit Oberbahn- und Unterbahnfolien, die miteinander verschweißt werden. Die Unterbahnfolie kann dabei eingefärbt oder bedruckt werden. Die Firma Dixie Union, Kempten, bietet für Räucherfisch ihre Vakuum-Skin-Verpackungsmaschine Dixie PAK 50E, 70E und 100E an. Für Gastwirtschaften, Haushalte und kleinere Fischereibetriebe kommen in erster Linie Tischmodelle in Frage. Die Firma Röscher, Osnabrück, hat speziell für Fische die Räuchermatic-Vakuum-Verpackungsmaschine VM-T 11/F entwickelt. In diesem Gerät können sowohl Kleinpackungen als auch Aale verpackt werden. Die Firma Boss, Bad Homburg, hat speziell für die Vakuum-Verpackung von Fischen das Großkammer-Fischgerät Typ FT 21 entwickelt. Die Kammerbreite des Gerätes (83 × 39 × 11 cm) wurde für die Verpackung ganzer Aale und Lachse ausgelegt. Einige Geräte sind auch mit programmierbarer Steuerung ausgestattet.

Die Fa. Vama Maschinenbau, Waltenhofen bietet ein Tischgerät VP 360 T Compact mit und ohne Begasung an. Die Standardausrüstung weist Edelstahlgehäuse, transparenten gewölbten Deckel, Trennriegelung mit Abkühlung, Schnellstoptaste und Kunststofffüllplatten auf. Von der Zusatzeinrichtung dürfte die Schrägeinlage zum Verpacken von flüssigem Verpackungsgut für manche Käufer interessant sein.

Die Firmen Erma Verpackungen, Benikon/Schweiz, und Weco-Matic, Waltenhofen, haben ein umfangreiches Angebot an Vakuumgeräten.

Absatzgenossenschaften, Fischzucht- und Fischereibetriebe und der Fischhandel können von einer Person die Vakuumverpackungsmaschine mit Räucherfischen bedienen lassen und so ihre Ware mit wesentlich verlängerter Haltbarkeit und in hygienisch einwandfreier, ansprechender und werbender Weise vermarkten. Hinsichtlich der Hygiene und Einrichtung der Verpackungsräume sind die Vorschriften der Lebensmittelhygiene-VO zu beachten. Auch auf niedrige Temperatur (maximal 10 °C) und auf Luftfeuchtigkeit unter 80 % sollte geachtet werden. Thermo- und Hygrometer sollten im Verpackungsraum nicht fehlen. Wenn man bedenkt, in welchem Umfang diese Verpackung heute in Handelsgeschäften Einzug gehalten hat und welche Wirtschaftlichkeit in der Möglichkeit liegt, kleine Portionen oder Einzelfische dauerhaft verfügbar zu halten, eröffnet sich auch für die Binnenfischerei eine breite Palette von Einsatzmöglichkeiten. Sie kann sogar bis in die Sportfischerei und ihre Organisationen reichen, denkt man z. B. an Fischerfeste und Köderfische.

Räucherware aus Süßwasserfischen ist nicht neu, doch steht dieser Markt erst am Anfang seiner Entwicklung. Fischer und Züchter, die zugleich gute Kaufleute sind, arbeiten nach den Begriffen, die in der heutigen Zeit des Geschäftslebens unter „Marketing" und „Design" bekanntgeworden sind, Marktlücken werden gesucht, und die Ware wird durch ansprechende und werbende Aufmachung stärker eingeführt. Eine Vakuumverpackung ist dazu bestens geeignet.

Grundsätzlich ist zu beachten, vakuumverpackte Ware in der Kühlkette zu lagern. Wird vakuumverpackter Räucherfisch bei zu hohen Temperaturen gelagert, besteht die Gefahr, dass die Ware verdirbt (Botulismus) und der Konsument tödlich erkrankt.

Räuchern tiefgefrorener Fische

In den Lebensmittelgeschäften und Großmärkten werden zahlreiche Esswaren aus Tiefgefriertruhen angeboten, wie Geflügel verschiedener Handelsklassen und portioniertes Fleisch, Obst (Beerenobst) und Gemüse (Spinat, Suppentopf), Pommes frites, Pizza, Backwaren (Hefeteig) u. a. und zum Grillen ausgesuchte Fleisch- und Fischgerichte. Erzeugnisse der Fischindustrie und aus der Fischzucht werden ebenfalls tiefgefroren in ansprechenden Verpackungen oder Folien zur Selbstbedienung angeboten, z. B. Regenbogenforellen aus Teichwirtschaften und meist küchenfertige Plattfische, Seelachs- oder Rotbarschfilets, Fischstäbchen, Kabeljaustücke u. a. aus der See. Man wird aber keine geräucherten Fische als Tiefgefrierkost finden. Der Konsument erwartet sie hier gar nicht. Räuchern und Gefrieren sind Konservierungsmethoden auf Zeit. Das Räuchern arbeitet mit den Mitteln Salz und Rauch auf verhältnismäßig begrenzte Haltbarkeitsdauer, das Einfrieren ohne jedes Konservierungsmittel für längere Lagerdauer. Der Verbraucher kauft den geräucherten Fisch im Allgemeinen zum sofortigen Verzehr und erwartet daher diese Ware gar nicht gefrostet. Für die heutzutage kurze Transportdauer und bei schneller Zustellung genügen kühle Außentemperaturen mit entsprechend isolierendem Verpackungsmaterial.

Dauerwaren von einigen Rauchfischsorten werden in ganz anderer Form, nämlich in Konservendosen, angeboten.

Im unmittelbaren Zusammenhang mit dem Räuchern von Fischen steht das Einfrieren, wenn die Frischfische zunächst gesammelt oder aufbewahrt werden müssen bis zum Zeitpunkt des Räucherns. Dann wird das Frosten zu einer Vorstufe, zu einer Sammelphase im gesamten Räucherprozess. Das kann sowohl beim Angler als auch beim Berufsfischer und Züchter wie auch bei den Genossenschaften notwendig werden. An vielen Gewässerstrecken der Anglervereine gelten Fangbegrenzungen für „Edelfische". Dem Angler ist es dann nicht erlaubt, die zu einem Räuchervorgang (außer bei Kleingeräten) erforderliche Anzahl von Forellen o. Ä. an einem Tag zu fangen. Er muss diese Beute aufheben, bis er eine ausreichende Menge zusammen hat. Beim Aufbewahren von Fischen im Kühlschrank ist die Haltbarkeitsdauer ohne Qualitätsveränderung begrenzt. Besser noch ist das Einfrieren im Tiefgefrierfach oder in der -truhe. Frisch eingebrachte Fische behalten hier ihre ursprüngliche Geschmacksqualität. Der Berufsfischer kann seine Fangmenge ebenfalls nicht voraussehen. Bei geringen Tagesmengen können ähnliche Verhältnisse wie beim Freizeitfischer eintreten, oder es gibt bei Massenfängen Absatzschwierigkeiten. Dennoch soll die Ware nicht verschleudert werden. Erzeuger- bzw. Absatzgenossenschaften haben bestimmte Räuchertermine, die Fische fallen aber zwischenzeitlich an. In allen diesen Fällen empfiehlt sich das Einfrieren der Ware zur Haltbarmachung bzw. bis zum Räuchern, weil nicht nur, wie erwähnt, der naturgetreue Geschmack, der für jede Fischart charakteristisch ist, sondern auch der Nährwert völlig erhalten bleibt. Das ist der Vorteil gegenüber allen übrigen Aufbewahrungsmethoden.

Gefrierkunde ist bereits eine Wissenschaft für sich geworden. Gewisse, sehr geringe Veränderungen sind im Fischfleisch nach dem Einfrieren doch festgestellt worden. Außerdem ist der Erfolg des Gefrierens an eine Reihe von Vorgängen und Voraussetzungen geknüpft, die der Fischer beachten sollte.

Der Fisch ist vor dem Einfrieren in bestem Zustand zu erhalten und in dieser Qualität in den Gefrierprozess zu geben. Das bedeutet in der Praxis: sorgfältigste Behandlung bis zu diesem Zeitpunkt.

Keine mechanische Beschädigung!

Der Idealfall würde beim Angler etwa so aussehen: Den geangelten Fisch töten, schlachten und kühlen. Wird der Fisch in einer der gebräuchlichen Kühltaschen mit Reißverschluss und mit zwei Kühlelementen transportiert, so ist zu berücksichtigen, dass die Kühlzellen vom Zeitpunkt ihrer Entnahme aus der Tiefkühltruhe bestenfalls bis zu 8 Stunden eine Temperatur von + 6 °C garantieren.

Nach dieser Zeit gleicht sich die Innentemperatur trotz Isolierung der Wände der Außentemperatur allmählich an. Es gibt inzwischen bessere Kühltaschen oder -behälter. So sind kleine, tragbare Tiefgefrierboxen auf dem Markt, die bequem im Pkw unterzubringen sind. Lageunabhängig, arbeiten sie mit voller Kühlleistung bei jeder Schräglage und Erschütterung. Sie können beim Fahren von der Autobatterie oder von einer zusätzlichen zweiten Batterie mit gesondertem Stromkreis oder daheim mit Netzanschluss betrieben werden. Der Stromverbrauch ist sehr gering. Die Temperatur lässt sich von +5 °C bis -20 °C stufenlos regulieren. Diese 15- bis 30-l-Boxen haben sich gut bewährt, sind robust und auch für Fischerheime geeignet.

Gleich nach der Ankunft zu Hause wird der Fisch versorgt, nicht erst am nächsten Tag nach einem Zwischenaufenthalt im Kühlschrank (bei +4 °C) oder im „Gefrierfach“ bei sehr geringen Kältegraden. Das Ausnehmen und evtl. Schuppen sollte man sorgfältig vornehmen, wie es schon im Kapitel „Vorbehandlung der Fische“ geschildert wurde. Besonders reichliches Abspülen mit kaltem Wasser zum Entfernen der schleimigen Oberhaut ist notwendig. Dann kommt der Fisch sofort in die Tiefkühltruhe.

Beim Berufsfischer ist der Weg vom Wasser zum Gefrierraum im Allgemeinen kürzer. Die Frischfische dürfen nicht erst lagern. Je kürzer die Zeit, um so besser ist die Qualität. Der Zustand, in dem sich die Fische beim Einbringen in die Tiefgefriertruhe oder in den Gefrierraum befinden, wird konserviert!

Weitere Voraussetzung für gute Qualität tiefgefrorener Fische ist die Schnelligkeit des Einfrierens bis zur niedrigsten Temperatur. Die erforderliche Kerntemperatur (d. h. im Fisch) von mindestens -18 °C, besser -30 °C soll in kürzester Zeit erreicht werden. Das Einfrieren beginnt daher mit einer Schockwirkung. Nach Untersuchungen und Ansicht von Kühnau, veröffentlicht in der Allgemeinen Fischwirtschaftszeitung, ist der Temperaturbereich von 0 °C bis -10 °C als „kritisch“ anzusehen, da sich in dieser Phase Eiskristalle in den Körperzellen des Fisches bilden, nicht aber bei tieferen Temperaturen, wo „nichtkristalline Salz-Wasser-Mischungen von gallertartiger Beschaffenheit“ entstehen und das Zellgewebe lockerer bleibt. Schnelles Tiefgefrieren verhindert die Bildung großer Kristalle weitgehend. Das erfordert in der Praxis, die Fische nie in großen Mengen auf einmal einzubringen, erst recht nicht in dichten Ballen oder in Beuteln verpackt (mit dem Ziel, sie schnell wieder herausnehmen zu können), sondern einzeln für sich in einer Lage, am besten hängend, damit jeder einzelne Fisch schnell durchfrieren kann. Auf diese Weise erhält man die ideale Tiefkühlware vom Fisch. Der geringe Mehraufwand macht sich durch bessere Qualität bezahlt.

Nach den Leitsätzen für tiefgefrorenen Fisch und Fischerzeugnisse in Verbindung mit den Leitsätzen für tiefgefrorene Lebensmittel muss zum Zeitpunkt des Gefrierens die Kerntemperatur (thermischer Mittelpunkt) nach Temperaturausgleich -18 °C oder tiefer betragen.

Eine leichte Eiweißdenaturierung des Fisches ist im gefrorenen Zustand unvermeidlich; das gilt auch für geringe enzymatische Stoffwechselvorgänge. In der Einleitung dieses Buches ist der Reichtum fischeigener Enzyme und dessen Vorteil für die menschliche Verdauung erwähnt worden. Im Gefrierprozess ist dieser Gehalt nicht mehr so positiv. Bei fettreichen Fischarten (Aal, Hering) tritt eine Oxydation der Fette auf, die bei längerer Einlagerung leicht ranzigen Geschmack ergeben. Deshalb sollte man die Lagerdauer dieser Fischarten nicht unnötig ausdehnen und auf 4–6 Wochen begrenzen. Da es sich bei diesen Vorgängen um Oxydationsprozesse handelt, sind Luftabschluss und Dunkellagerung vorteilhaft, sofern ein Vakuumgerät zur Verfügung steht, sollten die Fische auf jeden Fall vakuumverpackt werden. Eine einfachere Methode ist die Glasierung der Fische. Mit dieser Maßnahme wird gleichzeitig das Austrocknen des Fischfleisches verhindert und ein Strohigwerden vermieden. Der tiefgefrorene Fisch wird ein- oder zweimal für je 5 Sekunden in kaltes Wasser von 4–5 °C (Trinkwassergüte) getaucht und erhält dadurch eine Wasserglasur als Umhüllung. Das Eintauchen kann im Tiefkühlraum vorgenommen werden, wenn der Fisch dort noch verbleiben soll oder nach Entnahme und Überführung in den Lagerraum zur Versandverpackung kommt. So werden heute auf dem Wege der Gefrierkonservierung küchenfertige Karpfen und Forellen dem Konsumenten angeboten.

In der öffentlichen Meinung bestehen beim Konsumenten mitunter noch Vorurteile gegen den tiefgefrorenen Süßwasserfisch. Sie sind nur dann berechtigt, wenn Verfahrensfehler oder Nachlässigkeit in der Vorbehandlung oder Lagerung vorgelegen haben, die den Geschmack der Fische nachteilig beeinflussen. Bei korrekter Durchführung aller Arbeitsgänge wird sich der Konsument, sogar ein Feinschmecker, hart tun, nach der Zubereitung Geschmacksunterschiede zwischen dem Frisch- und dem tiefgefrorenen Fisch festzustellen. Das trifft ebenfalls auf die anschließend geräucherte Ware zu, was in mehreren und verschiedenen Tests nachgewiesen werden konnte.

Tiefgefrieren von Süßwasserfischen zum Sammeln vor dem Räuchern wird stets kurzfristig und nicht schwierig sein. Dennoch dürfte es für den räuchernden Fischer von Vorteil sein, alle Fragen und Verfahrensweisen auf diesem Gebiet zu kennen und zu beherrschen, um jeden, auch den kleinsten Fehler zu vermeiden und einen zuvor gefrorenen Rauchfisch anbieten zu können, der sich im Geschmack nicht von einem Frischfisch, den er unmittelbar zum Räuchern nimmt, unterscheidet.

Schließlich ist noch der Auftauprozess nach dem Entnehmen der Fische aus der Tiefkühltruhe oder aus der Kammer zum eigentlichen Räuchern zu berücksichtigen. Er muss sich möglichst schnell, am besten in fließendem Wasser (wiederum Trinkwassergüte) vollziehen. 25 kg kompakt gefrorene Fische würden direkt in der Salzlösung bei 40 °C etwa 12 Stunden allein zum Auftauen benötigen. Dann beginnt sofort das Salzen der Fische, wobei wegen der leichteren Salzaufnahme von Frostfischen eine 5–6 %ige Salzlösung ausreicht.

Die weitere Behandlung entspricht der der Frischfische, wie sie bereits beschrieben wurde.

Für Feinschmecker: Räuchern nach Art der Lachse

Der Lachs gilt in geräuchertem Zustand als eine besondere Delikatesse. Diese Fischart wird oftmals mit der gleichwertigen großen Meerforelle verwechselt. Beide Arten werden in der Ostsee gefangen und in Fachgeschäften im Binnenland angeboten. Wer sie angeln will, muss dorthin und in die skandinavischen Länder fahren, wenn er diese Fische beim Aufstieg ins Süßwasser, ihrem Fortpflanzungsgebiet, fangen will. Durch die Verschmutzung der Ströme steigen sie in unsere einheimischen Flüsse in größerer Zahl noch nicht wieder auf.

Die Schweden haben ihre besondere Art, Lachse zuzubereiten. Sie verwenden spezielle Zutaten und bereiten den Fisch in einer ungewöhnlichen Weise vor, die jedoch zu einem delikaten Geschmack führt. Diese Methode lässt sich ebenfalls bei den nahe verwandten und im Geschmack ähnlichen Regenbogenforellen aus Teichen anwenden. Die Fische müssen nur entsprechend groß und fetter sein als in Portionsgröße. So räuchert ein Forellenzüchter (Fischzuchtmeister Hans Heiner Steinhörster in Aumühle/Obb., mit dessen Einverständnis wir die Methode bekannt geben) seine Forellen mit einem Stückgewicht von mindestens 2000 g in ähnlicher Weise. Das Rezept mag Feinschmeckern zur Nachahmung empfohlen werden.

Der Fisch vom genannten Gewicht wird, wie bereits beschrieben, abgeschlagen, getötet, ausgenommen und zum Entschleimen mit Salz abgerieben. In diesem Fall werden Kopf und Schwanz abgetrennt, der Kopf am Kiemendeckelbogen entlang, um möglichst viel Fleisch verwerten zu können und dem verbleibenden Fisch die eigentliche Form zu erhalten. Die Forelle wird der Länge nach halbiert, und die Wirbelsäule sowie Rippen werden entfernt.

Nun würzt man beide Längshälften. Man legt die erste Körperhälfte mit der Haut nach hinten und streut Salz, Pfeffer und Zucker fein verteilt darauf, anschließend frischen gesäuberten oder getrockneten Dill. Für eine 2000-g-Forelle benötigt man etwa 2 gestrichen volle Esslöffel Salz, etwas weniger Zucker, höchstens einen gestrichenen Teelöffel feingemahlenen schwarzen Pfeffer und je nach Geschmack reichlich Dill. Eine gute Faustzahl ist 40 g Salz und 30 g Zucker je kg Fischfilet. Die zweite Fischhälfte legt man mit der Innenseite auf die erste. Der auf diese Weise gewürzte Fisch kommt vor dem Räuchern erst in ein Gefäß, wird auf der ganzen Oberfläche mit einer Platte bedeckt und mit einem starken Gewicht beschwert. Soll der gebeizte Fisch noch zusätzlich geräuchert werden, muss auf Dill verzichtet werden.

Das Fleisch wird unter dieser Belastung fest und dicht, es lässt sich später gut in Scheiben schneiden.

Der Fisch bleibt 48 Stunden an einem kühlen Platz (nicht im Kühlschrank!) stehen. Dann erst wird er geräuchert, indem die Fischhälften mit der Hautseite auf den Rost gelegt werden, bei einer maximalen Temperatur von 30 °C mit starkem Rauch für die Dauer von zwei Stunden. Wird die Temperatur höher als 30 °C, ist das Filet nicht mehr schnittfähig.

Den Fisch serviert man in dünnen Scheiben, die wie beim Lachs quer in der Schräge geschnitten werden.

Man reicht Toast mit ein wenig Butter dazu.

Bei der Temperatur von 4–6 °C ist die „Lachsforelle“ verhältnismäßig lange haltbar. Der durchfermentierte Fisch kann auch ohne nachträgliches Räuchern verzehrt werden und schmeckt ausgesprochen delikat. In Schweden wird derart zubereiteter Lachs „Graved-Lachs“ genannt.

Das Grillen von Fischen

Das Wort „grill" kommt aus dem Englischen und bedeutet in der Übersetzung Bratrost oder rösten, d. h. ein Garmachen von Speisen auf Rosten über glühenden Holzkohlen ohne Fettzusatz im Gegensatz zum Braten. Zum Grillen von Fischen kann man jedes handelsübliche Grillgerät benutzen. Auf die verschiedenen Grillgerätschaften soll daher an dieser Stelle nicht weiter eingegangen werden. Sie können als bekannt vorausgesetzt werden und sind in entsprechenden Geschäften mit Gebrauchsanweisungen erhältlich. Sie gehören heute wohl schon in jeden modernen Haushalt, denn sie werden in der Küche, im Grillroom auf dem Balkon, im Garten, beim Picknick im Freien von der Familie und auf Partys gern eingesetzt. Die im Abschnitt „Kleingeräte" dieses Buches geschilderten Räuchergeräte werden von den Herstellerfirmen und Geschäften für Angelfischerartikel als „Räuchergrillapparate" angeboten. Diese Bezeichnung weist bereits darauf hin, dass diese Geräte sowohl zum Räuchern als auch zum Grillen benutzt werden können.

Die Handhabung und die Garmethode ist nämlich die gleiche: Das Erhitzen erfolgt zum Räuchern mit aromatischen Räuchermehlen, zum Grillen ohne diese Zusätze.

Die Vorbereitungsarbeiten sind ebenfalls die gleichen, jedoch zum Grillen weitgehender. Hier müssen die Fische nach dem ersten Säubern stets geschuppt werden, was zum Räuchern oftmals unterbleiben kann. Ferner kann man die zum Grillen bestimmten Fische auch enthäuten. Fertige, im Fischhandel erhältliche Filetstücke eignen sich daher besonders gut.

Was den ersten Vorgang, das Fischausnehmen, anbetrifft, so ist die bereits erwähnte Sorgfalt bei Verwendung von lebenden Fischen zu beachten: Töten nur nach vorangegangenem Betäuben, gänzliches Entfernen der Eingeweide, der Kiemen und der Nieren. Art und Menge des Salzens bleibt dem Geschmack des Fischessers überlassen. Meist genügt eine Verfeinerung des Fischfleisches, indem man den Fisch vor dem Grillen mit Zitronensaft beträufelt. Der Geruch des Fischfleisches wird auf diese Weise von der Zitrone überlagert und gebunden, das Aroma ist so angenehmer.

Das Fischfleisch enthält, wie bekannt, die Vitamine A, B und D in mehreren Formen und unterschiedlich stark in einzelnen Organen. Fügt man Zitronensaft hinzu, erweitert man die angebotene Vitaminpalette um das Vitamin C. Geschieht dies vor Beginn des eigentlichen Grillens und lässt man den Saft genügend einziehen, so hat dies einen weiteren Vorteil: Das Fischfleisch wird stärker gebunden und das Auseinanderfallen der Muskelsegmente verhütet. Essig erfüllt im Übrigen denselben Zweck, wenn auch ohne Vitamin C. Da bei starker Erhitzung das Vitamin C verloren geht, ist eine erneute Zugabe von Zitronensaft unmittelbar vor dem Genuss vorteilhaft. Weitere Verfeinerungen sind beim Grillen inzwischen üblich geworden. Die Hausfrau ist vom Prinzip der absoluten Fettlosigkeit abgewichen und bestreicht die Roste des Gerätes wie auch das Fischfleisch mit gutem Speiseöl, um den Wohlgeschmack zu verbessern, oder würzt die Fische zusätzlich. Da-

durch wird auch das lästige Ankleben am Rost vermindert.
Die Auswahl der Gewürze ist vielseitig und je nach persönlichem Geschmack unterschiedlich. Sie reicht von Knoblauch über Gewürzmischungen (spezielle Mischungen für Fische), Curry, Küchenkräuter, Pfeffer und Wurzeln bis zum Weißwein. Bei Aalfilets gibt das Einpinseln mit schottischem Whisky eine delikate Geschmacksrichtung.
Viele Fischarten haben einen arteigenen Geschmack, den man nicht überlagern sollte, so z. B. die frische Äsche, die nach Thymian schmeckt. Zum Grillen können alle Konsumfische verwendet werden, Magerfische wie auch Fettfische. Letztere werden bevorzugt. Zu den Magerfischen rechnet man Fischarten mit niedrigem Fettgehalt (unter 1 %) wie die meisten Weißfische aus dem Süßwasser, ferner Kabeljau (Dorsch), Schellfisch, Seelachs, Scholle, Schleie und Hecht. Fischarten mit mittlerem Fettgehalt (1–10 %) sind als Meeresprodukte Rotbarsch und Heilbutt und die Garnelen, aus dem Süßwasser Forelle und Karpfen. Ausgesprochene Fettfische (10–20 %): Aal, Hering, Makrele, Lachs und Thun.
Wie bereits bei den Räucherfischen erwähnt, können auch Grillfische zunächst tiefgefroren gewesen sein. Sie müssen kurzfristig aufgetaut und anschließend wieder getrocknet werden.
Von größeren Fischen werden durch Querschneiden Koteletts oder Karbonaden (z. B. Koteletts oder Karbonaden vom Waller und von Flussfischarten) oder durch Längsschneiden Filets genommen, die bei einer Dicke von 2–3 cm in 8–12 Minuten fertig gegrillt sind.
Portionsfische wie Forellen, Renken, Maränen und Schleie werden im Ganzen gegrillt mit entsprechend längerer Gardauer. Sie sollten, wenn keine Drehvorrichtung am Grill vorhanden ist, wie die Filetstücke nur einmal gewendet werden.
Größere Fische kann man teilen und in Grillkörbchen füllen oder nach köstlicher Füllung am Drehspieß grillen.
Wer keinen Grillapparat besitzt und seine Fische im Freien frisch zubereiten will, schlägt eine flache Grube in den Erdboden, spießt die vorbereiteten Fische der Länge nach auf Holzstäbchen und bereitet nun über der noch glühenden Holzkohle „Steckerlfische“ zu, die nicht nur im Süden (z. B. auf dem Münchner Oktoberfest), sondern weit bis Lappland hin bekannt sind. Eine andere Methode sind die sog. „Fischgriller“ aus Stahldraht, in die der Portionsfisch beiderseitig eingespannt wird und damit leichter zu handhaben ist.
Rezepte zum Grillen von Fischen sind in zahlreichen Kochbüchern verzeichnet: Filetstücke von Forellen, Renken oder Lachs, Fischsteaks von Rotbarsch oder Heilbutt und gefüllte Fische. Fischfüllungen, wie sie vom Hecht bekannt sind, eignen sich für jede Fischart mit festem Fleisch. Einfache Koteletts von Fluss- und Seefischen sind, wie bereits zuvor erwähnt, sämtlich wohlschmeckend, sei es vom Handgrill, in Spießkörbchen, vom Drehspieß oder aus dem Grillwagen. Stets sind das Fischfleisch, die Würze und das Ausmaß von Holzkohlenaroma entscheidend.
Da das Garmachen nur Minuten in Anspruch nimmt, sind die kleinen „Räuchergrill“-Apparate mit 1 oder 2 Rosten übereinander in Kastenform sehr zweckmäßig und können eine schnelle Speisefolge auf dem Esstisch sichern und entweder den Grill- oder den Räucherfisch in gemütlicher Runde liefern. Sie sind für jedermann erschwinglich.

Räucherlehrgänge

Wer sich besonders auf dem Gebiet des Räucherns weiterbilden will, hat die Möglichkeit, spezielle Räucherlehrgänge an staatlichen Instituten oder bei Fischereiorganisationen zu besuchen. Der Bedeutung des Räucherns als wichtiger Veredelungsmethode bei Süßwasserfischen entsprechend, werden an der Bayerischen Landesanstalt für Fischerei, Weilheimer Str. 8, 82319 Starnberg, schon seit mehr als 25 Jahren zweitägige Räucherlehrgänge durchgeführt. Dabei wird neben der fachlichen Theorie das praktische Räuchern mit verschiedenen Fischarten und Ofentypen fachgerecht demonstriert.

In Norddeutschland führt neuerdings der Bezirksfischereiverband Ostfriesland, 26691 Emden, Postfach 11 19, An der Verbindungsschleuse, regelmäßig derartige Kurse durch, bei denen die Teilnehmer das Räuchern lernen und ihr Wissen vervollständigen können. Weitere Räucherlehrgänge werden nach Bedarf von der Fachberatung für das Fischereiwesen des Bezirks Unterfranken, Peterplatz 9, 97070 Würzburg, und in Österreich vom Bundesinstitut für Gewässerforschung und Fischereiwirtschaft, Scharfling 18, A-5310 Mondsee, abgehalten. Die Fa. G. Vering, Beelen, bietet in ihrem Fischereibetrieb Angermunde nach Anfrage auch entsprechende Schulungen an.

Wichtige gesetzliche Bestimmungen für Lebensmittel tierischer Herkunft

Die Überwachung des Verkehrs mit Lebensmitteln erstreckt sich auch auf gewerbliche Fischräuchereien, sogar bis in die einzelnen Fischereibetriebe. Jeder Fischer und Fischzüchter sowie die Genossenschaften, die Fische räuchern, müssen daher die einschlägigen Rechtsvorschriften kennen und anwenden. Lediglich derjenige, der nur für sich persönlich räuchert und seine Fische nicht in den Verkehr bringt, ist an diese Vorschriften nicht gebunden. Er tut jedoch gut daran, sich entsprechend zu informieren und die Vorschriften zu seinem eigenen Schutz zu berücksichtigen.

Lebensmittelrecht

Nach dem Grundgesetz ist das Lebensmittelrecht grundsätzlich Bundesrecht; der Vollzug obliegt den Ländern.
Das Gesetz zur Neuordnung und Bereinigung des Rechts im Verkehr mit Lebensmitteln, Tabakerzeugnissen, kosmetischen Mitteln und sonstigen Bedarfsgegenständen (Gesetz zur Gesamtreform des Lebensmittelrechts) vom 15.8.1974 (Bundesgesetzblatt Teil I Seite 1945), zuletzt geändert durch Gesetz vom 24.8.1976 (BGBl. 1 S. 2445/2481) enthält als Artikel 1 das Kernstück, nämlich das Gesetz über den Verkehr mit Lebensmitteln, Tabakerzeugnissen, kosmetischen Mitteln und sonstigen Bedarfsgegenständen (Lebensmittel- und Bedarfsgegenständegesetz – LMBG), in der Fassung der Bekanntmachung vom 9.9.1997 (BGBL. I S. 2296) zuletzt geändert durch Art. 2 des „Gesetzes zur Neuordnung seuchenrechtlicher Vorschriften (Seuchenrechtsneuordnungsgesetz – SeuchRneuG)" vom 20.7.2000 (BGBL. I Seite 1045). Dieses Gesetz löste das Lebensmittelgesetz aus dem Jahre 1936 in der Fassung der sog. Fremdstoffnovelle des Jahres 1958 ab, durch die das Verbotsprinzip für die Verwendung fremder Stoffe in Lebensmitteln eingeführt wurde. In das neue Gesetz wurden die bewährten Allgemeinen Verbote zum Schutz der Gesundheit übernommen und für den Bereich der sonstigen Bedarfsgegenstände erweitert. Nach wie vor ist es verboten, Lebensmittel und Bedarfsgegenstände, die geeignet sind, die menschliche Gesundheit zu schädigen, für andere herzustellen oder in den Verkehr zu bringen. Wesentlich verbessert wurden die Eingriffsmöglichkeiten zur Abwehr gesundheitlicher Risiken. Das Gesetz enthält u. a. ausdrücklich Ermächtigungen zur Festsetzung von Höchstmengen von Pflanzenschutz- und sonstigen Mitteln sowie zu Regelungen über unvermeidbare Rückstände von Umweltchemikalien. Diese Ermächtigungen wurden bisher ausgefüllt durch die „Verordnung über Höchstmengen an Schadstoffen in Lebensmitteln (Schadstoff-Höchstmengenverordnung – SHmV)" vom 23.3.1988 (BGBl. I S. 422), geändert durch Änd.-VO vom 03.03.1997 (BGBL. I S. 430) und die „Verordnung über Höchstmengen an Rückständen von Pflanzenschutz- und Schädlingsbekämpfungsmitteln und Tabakerzeugnissen (Rückstands-Höchstmengenverordnung – RHmV)" in der Neufassung vom 21.10.1999 (BGBL. I S. 2082), geändert durch 5. Änd.-VO vom 20.11.2000 (BGBL. I Seite 1574, hier Anlage 1) und die „Verordnung über

Stoffe mit pharmakologischer Wirkung" vom 25.9.1984 (BGBL. I S.1251), zuletzt geändert durch Art. 11 der „Verordnung zur Änderung tierarzneimittel- und lebensmittelrechtlicher Vorschriften" vom 7.7.1998 (BGBL. I S. 1870).
Von besonderer Bedeutung ist die Zusatzstoffregelung. Der neue Begriff basiert nicht mehr auf der Beschaffenheit (d. h. auf dem ernährungsphysiologischen Nutzwert), sondern auf der bestimmungsgemäßen Verwendung des Zusatzes; hiervon sind lediglich die üblichen Lebensmittel ausgenommen. Außerdem wurde eine Anzahl weiterer Stoffe den Zusatzstoffen gleichgestellt (z. B. technische Hilfsstoffe).
Ein weiterer Schwerpunkt der gesetzlichen Neuregelung liegt im Bereich des Täuschungsschutzes auf den Gebieten der Irreführung und der Werbung, ergänzt durch Verordnungsermächtigungen für eine erweiterte Information durch Kennzeichnung.
Die Verbesserung und Intensivierung der Lebensmittelüberwachung ist eines der Hauptanliegen der Gesamtreform.
Außerdem wurde das Lebensmittelstrafrecht grundsätzlich reformiert. Erstmals wird zwischen Straftaten und Ordnungswidrigkeiten, d. h. zwischen Kriminaltaten und Verwaltungsrecht, unterschieden.
Im Zusammenhang mit der Thematik dieses Buches ist noch auf folgende bundeseinheitlich geltenden Rechtsverordnungen hinzuweisen:
„Verordnung über die Zulassung von Zusatzstoffen zu Lebensmitteln zu technologischen Zwecken (Zusatzstoff-Zulassungsverordnung – ZZulV)" vom 29.1.1998 (BGBL. I S. 230), geändert durch Art. 1 der 1. Änd.-VO zusatzrechtlicher Vorschriften vom 13.11.2000 (BGBL. I S. 1250) sowie „Verordnung über die Kennzeichnung von Lebensmitteln (Lebensmittel-Kennzeichnungsverordnung – LMKV)" in der Bekanntmachung vom 15.12.1999 (BGBL. I S. 2464), geändert durch Art. 3 der „Verordnung zur Änderung der Verordnung über Spirituosen und anderer lebensmittelrechtlicher Verordnungen" vom 8.12.2000 (BGBL. I S. 1689).
Spezielle Lebensmittelrechtsvorschriften über die Behandlung, Be- und Verarbeitung sowie das Inverkehrbringen von Fischen wurden mit der „Verordnung über die hygienischen Anforderungen an Fischereierzeugnisse und lebenden Muscheln (Fischhygiene-Verordnung – FischHV)" erlassen. In der Bekanntmachung der Neufassung vom 8.6.2000 (BGBL. I S. 819) ist geltendes EU-Recht in nationales Recht umgesetzt worden. Die Verordnung regelt die gesetzlichen Bestimmungen und Voraussetzungen für Großbetriebe, die eine Veterinärskontrollnummer besitzen. Der Einzelhandel ist mit Ausnahme einiger grundsätzlicher Bestimmungen davon nicht betroffen. Hier muss die Lebensmittelhygiene-Verordnung (LMHV) vom 5.8.1997 (BGBL. I S. 2008) Beachtung finden. Die neue Lebensmittelhygiene-Verordnung ist die Umsetzung der Europäischen-Hygiene-Richtlinie 93/43/EWG in nationales Recht. Seit 8. August 1998 ist sie in allen Teilen in Kraft. Durch die LMHV werden die hygienischen Anforderungen beim gewerbsmäßigen Umgang mit Lebensmitteln erstmals bundeseinheitlich geregelt. Jeder Betrieb, der mit Lebensmitteln zu tun hat, muss im Rahmen seiner Sorgfaltspflicht die in der Verordnung beschriebenen hygienischen Mindestanforderungen erfüllen (§ 3) und ist ferner zur Durchführung betriebseigener Maßnahmen und Kontrollen (§ 4, in Anlehnung an HACCP = Hazard Analysis and Critical Control Points = Gefahrenanalyse und Kritische Lenkungspunkte) verpflichtet. Neben den grundsätzlichen Anforderungen an Räume und Personal sowie den Allgemeinen Hygieneanforderungen ist hier erstmals die Verpflichtung zu betrieblichen Eigenkontrollmaßnahmen festgelegt.

Leitsätze des Deutschen Lebensmittelbuches

Neben den lebensmittelrechtlichen Vorschriften sind durch Fachausschüsse der im Jahre 1962 gebildeten Deutschen Lebensmittelbuch-Kommission sog. Leitsätze erarbeitet worden, in denen die allgemeinen und besonderen Beurteilungsmerkmale (Begriffsbestimmung, Herstellung und Bezeichnung sowie Zusammensetzung und Beschaffenheit) einzelner Lebensmittel oder Gruppen von Lebensmitteln festgelegt wurden. So sind – wie bereits auf Seite 11 erwähnt – unter anderem auch „Leitsätze für Fische, Krebs- und Weichtiere und Erzeugnisse daraus", „Leitsätze für tiefgefrorene Fische und Fischerzeugnisse" sowie „Leitsätze für tiefgefrorene Lebensmittel" erarbeitet und verabschiedet worden. Leitsätze des Deutschen Lebensmittelbuches sind keine Rechtsvorschriften, sondern objektivierte Sachverständigengutachten, die der Unterrichtung der Verbraucher als wichtiges Hilfsmittel für die amtliche Lebensmittelüberwachung und den Gerichten als Entscheidungshilfe dienen, falls keine konkreten Rechtsnormen vorhanden sind. Für die Lebensmittelwirtschaft sind sie Grundlage des redlichen Hersteller- und Handelsbrauchs, für den Durchschnittsverbraucher bilden sie die berechtigte Verbrauchererwartung, insgesamt also stellen sie die sog. Verkaufsauffassung fest.

Lebensmittelüberwachung, Probenahme

Jeder Lebensmittelbetrieb kann von verschiedenen amtlichen Stellen überprüft werden. Im Rahmen der Überwachung des Verkehrs mit Lebensmitteln tierischer Herkunft sind primär die beamteten Tierärzte als Sachverständige zuständig; sie können sich von fachlich besonders ausgebildeten Hilfspersonen („Lebensmittelkontrolleure") unterstützen lassen. An Ort und Stelle gemachte Auflagen nach Feststellungen mangelnder Betriebshygiene sind unverzüglich ordnungsbehördlich zu bestätigen. Werden Proben von verdächtigen Lebensmitteln oder – planmäßig – Proben zwecks Erhalt einer Übersicht über die Qualität des Marktangebotes entnommen, so werden diese – sofern der Sachverständige sie nicht selbst beurteilt – an die zuständigen Untersuchungsanstalten, d. h. Landesveterinäruntersuchungsanstalten und/oder Chemische (Lebensmittel-) Untersuchungsanstalten, eingesandt. Den mit der Lebensmittelüberwachung beauftragten Personen sind erhebliche Befugnisse eingeräumt worden, und die Betriebsinhaber oder ihre Vertreter haben die Maßnahmen zur Durchführung der Betriebsbesichtigung und Entnahme von Proben zu dulden sowie die in der Überwachung tätigen Personen bei der Erfüllung ihrer Aufgaben zu unterstützen. Das Überwachungspersonal unterliegt der Schweigepflicht und ist gegenüber dem Betriebsinhaber oder seinem Vertreter bei der Entnahme von Proben grundsätzlich zur Zurücklassung einer Gegen- oder Zweitprobe verpflichtet. Nur der Hersteller oder Importeur kann auf die Zurücklassung der Gegen- oder Zweitprobe verzichten. Die zurückgelassenen Proben müssen amtlich verschlossen oder versiegelt und mit dem Datum der Probenahme und dem Datum des Tages versehen werden, nach dessen Ablauf der Verschluss oder die Versiegelung als aufgehoben gelten. Ein vorzeitiges Öffnen oder Vernichten der verschlossenen oder versiegelten Proben kann strafrechtlich verfolgt werden.

Es würde den Rahmen dieses Buches sprengen, die zahlreichen einschlägigen Bestimmungen im vollen Wortlaut wiederzugeben.

Über die geltende Lebensmittelhygiene-Verordnung muss sich der räuchernde Fischer selbst erkundigen.

Diese Verordnungen enthalten Hygienebestimmungen, die sich auch auf Betriebe beziehen, die Räucherfische gegen Entgelt abgeben, z. B. für das Behandeln der Fische, für den Personenkreis, der räuchert, und für die Räume, in denen die Fische geschlachtet, vorbereitet und geräuchert werden.

Was beim Behandeln der Fische vor und beim eigentlichen Räuchervorgang zu berücksichtigen ist, wurde bereits bei den einzelnen Arbeitsvorgängen geschildert.

Zu ergänzen ist die Forderung, dass die Fische, die zum Räuchern bereits aufgespießt sind, nach dem Aufreihen noch einmal sorgfältig mit sauberem Leitungswasser abgebraust werden sollen.

Zum Schlachten werden Messer mit rost- und korrosionsfreien Metall- oder Kunststoffgriffen, nicht mit Holzgriffen empfohlen; sie müssen im heißen Wasser gründlich gereinigt und desinfiziert werden und sind speziell dieser Arbeit und keinen anderen Arbeitsvorgängen vorbehalten.

Personen, die an:

1. Typhus abdominalis, Paratyphus, Cholera, Shigellenruhr, Salmonellose, einer anderen infektiösen Gastroenteritis oder Virushepatitis A oder E erkrankt oder dessen verdächtig sind,
2. an infizierten Wunden oder an Hautkrankheiten erkrankt sind, bei denen die Möglichkeit besteht, dass deren Krankheitserreger über Lebensmittel übertragen werden können,
3. die Krankheitserreger Shigellen, Salmonellen, enterohämorrhagische Escherichia coli oder Choleravibrionen ausscheiden,

dürfen nicht bei der Herstellung und dem Inverkehrbringen von Fischräucherwaren beschäftigt werden oder diese Tätigkeiten ausüben (§§ 42 und 43 des Infektionsschutzgesetzes – IfSG vom 20.7.2000, BGBL. I S. 1045). Nach Genesung hat ein amtsärztliches Zeugnis die Bedenkenlosigkeit zu bescheinigen.

Das Lebensmittel-Personal muss sauber gekleidet sein, Hände und Arme sauber halten, hygienisch einwandfreie, waschbare oder abwaschbare Schutzkleidung tragen. Die Fische dürfen nicht mit der eigentlichen Kleidung und dem menschlichen Körper in unmittelbare Berührung kommen (ausgenommen mit den Händen und Armen).

In den meisten Ländern der Bundesrepublik, z. B. Bayern und Niedersachsen, ist der Genuss von Tabakwaren (Rauchen, Schnupfen, Tabakkauen, auch das sog. Kaltrauchen) in jeder Form in den Arbeits- und Lagerungsräumen sowie beim Behandeln der Fische im Freien verboten, mit Ausnahme der Gasträume von Betrieben des Gaststättengewerbes.

Strenge Vorschriften bestehen ferner für die Errichtung und Beschaffenheit von Betriebs- und Geschäftsräumen.

Die Behandlung der Fische – angefangen vom Schlachten, Waschen, Salzen, Räuchern bis zur Abnahme und Aufbewahrung – hat in geschlossenen Räumen zu geschehen, die trocken, genügend groß, hoch (mindestens 2 m), leicht zu reinigen, und erforderlichenfalls zu desinfizieren sind. Des Weiteren frei von Ungeziefer und fremden Gerüchen, einwandfrei be- und entlüftbar, mit Anschluss von fließendem Leitungswasser (Trinkwassergüte), ausreichend belichtet und mit Fliegenschutz gegen das Eindringen von Insekten an Fenstern und Luftöffnungen versehen sein müssen.

Es müssen Toiletten mit Wasserspülung, bei denen eine einwandfreie Ableitung erfolgt, vorhanden sein. Die Toiletten müssen mit einem Handwaschbecken mit einer Warm- und Kaltwasserzufuhr ausgestattet sein und dürfen

keinen direkten Zugang zu den Verarbeitungsräumen haben.
In den Betriebräumen müssen: Die Wandflächen mit glatten, wasserundurchlässigen, abwaschbaren und erforderlichenfalls zu desinfizierenden Materialien versehen sein. Die Decke und Deckenvorrichtungen müssen leicht zu reinigen sein, die Fußböden müssen wasserundurchlässig, leicht zu reinigen und zu desinfizieren sein, eine angemessene Ableitung des Abwassers muss vorhanden sein.
Die Türen und Fensterrahmen mit glattem, abwaschbarem Anstrich versehen sein. Entwässerungsöffnungen sind gegen das Eindringen von Nagetieren zu sichern.
Die Abwassersammelgrube muss außerhalb der Arbeitsräume liegen und wasserundurchlässige Wände und Böden sowie eine dichtschließende Abdeckung haben.
Bei unbefestigtem Außengelände, das ein geringes Gefälle vom Haus wegführend haben muss, sind Abstreifgitter mit Abtrittkästen vor den Außentüren einzulassen.
Die Räume dürfen für keinerlei andere Zwecke benutzt werden, nicht für Aufenthaltszwecke, nicht als Waschräume mit Waschmaschinen und Wäschetrocknern, nicht als Unter- oder Abstellraum, auch nicht als Garage und nicht zur Tierhaltung (ausgenommen lebende Fische).
Schlachtraum, Räucherraum und Verkaufsraum müssen durch schließbare Türen voneinander getrennt sein.
Im Schlachtraum müssen die Arbeitstische, Platten und Schneidbretter aus Metall oder Kunststoff und im Verkaufsraum die Tische aus glattem, riss- und spaltenfreiem, leicht abwaschbarem Material bestehen.
Der Käufer darf die unverpackte Ware nicht berühren. Begleitende Tiere, wie Hunde, sind vor den Räumen zurückzulassen.
Material zum Verpacken, wie Umhüllungen, Papier, muss hygienisch einwandfrei sein, sauber, unbenutzt und farbsicher. Das verwendete Papier darf auf der mit der Räucherware oder frischen Fischen in Berührung kommenden Seite weder beschrieben noch bedruckt sein.
Das Lager und die genannten Betriebsräume dürfen nicht mit Stallungen und Wohnräumen in unmittelbarer Verbindung stehen und müssen von den Dungstätten, Müllablagerungsstellen, Mülltonnen, Jauchegruben möglichst weit entfernt liegen.
Außer diesen lebensmittelhygienischen Vorschriften sind auch solche des Baurechts und der Arbeitsstätten-VO zu beachten.

Firmenadressen

Räuchereinrichtungen und Grillapparate

AGK Kronawitter GmbH, Industriegelände 1, 94522 Wallersdorf

Balzer GmbH, Im Tiegel 8, 36367 Wartenberg, www.balzer.de

Blaschke, Fischereibedarf, An den Gärten 2, 92665 Altenstadt

DAM, GmbH & Co., Postfach 1261, 91709 Gunzenhausen, www.dam.de

Feldmann, Bernhard, Willscheidweg 4, 54413 Finnentrop, www.raeucheroefen.de

Fessmann, Wilhelm, GmbH & Co, Herzog-Philipp-Str. 39, 71364 Winnenden, www.fessmann.de

FIAP, Fischtechnik GmbH, Jakob-Oswald-Str. 16, 92289 Ursensollen, www.fiap.de

Grassl, Hans, GmbH, Waldhauser Str. 8, 83471 Schönau am Königssee, www.hans-grassl.de

HOSTO Stolz GmbH & Co., Am Seelbach, 57290 Neunkirchen, www.hosto.de

Jost-Räucherschränke, Hauptstr. 13, 89365 Röfingen-Roßhaupten, www.jost-raeucherschraenke.de

Maurer & Söhne GmbH & Co. KG, 78479 Insel Reichenau

Muvero bv, P.O. Box 33, NL-5800 AA Vernay, www.muvero.com

NDM-Vertrieb: F. Gees Angelsport, Buttermarkt 5–7, 50667 Köln

Ness & Co. GmbH, Postfach 1304, Remsstr. 24, 73626 Remshalden-Hebsack, www.ness.de

OSSA Räuchergeräte, Linnwiese 1A, 57299 Burbach, www.heliasmoker.de

Peetz oHG, Josef & Erich, Bergmecke 17, 59872 Meschede, www.peetz-ohg.de

Schich Anlagenbau GmbH, Im Felde 17, 27574 Bremerhaven, www.schich.de

Schorr, Detlef, e.K., Einsteinstr. 19, 59558 Lippstadt

Siegener Räuchertechnik, Halenhorster Str. 5, 26197 Großenkneten, www.regis-online.de

Veco AG, Waldegg, CH-8810 Horgen

Vering, G., Beelonia, Warendorfer Straße 1, 48361 Beelen, www.beelonia.de

Rauchentwickler

Ness & Co. GmbH, Postfach 1304, Remsstr. 24, 73630 Remshalden, www.ness.de

Verpackungsmaschinen

AGK Kronawitter GmbH, Industriegelände 1, 94522 Wallersdorf

Boss Verpackungsmaschinen, Zum Wingert 5, 61325 Bad Homburg, www.boss-verpackungsmaschinen.de

Dixie-Union GMBH & Co. KG, Römerstr. 12, 87437 Kempten, www.dixie-union.de

Grassl, Hans, GmbH, Waldhauser Str. 8, 83471 Schönau am Königssee, www.hans-grassl.de

Röscherwerke GmbH, Feldmühlenweg 6–10, 49593 Osnabrück, www.roescher.de

Vama Maschinenbau GmbH, Ahornweg 2, 87448 Waltenhofen

Wecomatic GmbH, Georg-Haindl-Str. 6, 87448 Waltenhofen

Vakuum-Verbundfolien

Gruber-Folien, Gustav-Hertz-Str. 24, 93415 Straubing, www.gruber-folien.de

Bischof & Klein GmbH & Co., Rahestr. 47, 49525 Lengerich, www.bischof-und-klein.de

Elektrotötungsapparate

Grassl, Hans, GmbH, Waldhauser Str. 8, 83471 Schönau am Königssee, www.hans-grassl.de

Karl von Keitz Nachf. GmbH, Am Forsthaus 17, 36163 Poppenhausen

Reinigungsmittel

Blaschke, Fischereibedarf, An den Gärten 2, 92665 Altenstadt

Schülke & Mayr GmbH, Robert-Koch-Str. 2, 22851 Norderstedt, www.schuelke-mayr.de

Wigol W. Stache GmbH, Textorstr. 2, 67547 Worms, www.wigol.de

Räuchermittel

Blaschke, Fischereibedarf, An den Gärten 2, 92665 Altenstadt

Feldmann, Bernhard, Willscheidweg 4 , 54413 Finnentrop, www.raeucheroefen.de

Grassl, Hans, GmbH, Waldhauser Str. 8, 83471 Schönau am Königssee, www.hans-grassl.de

HOSTO Stolz GmbH & Co., Am Seelbach, 57290 Neunkirchen, www.hosto.de

Kahler Qualitäts-Gewürze, Germaniastr. 29–30, 12099 Berlin, www.kahler-berlin.de

Springer. G., Spanholz GmbH, Nikolaus-Otto-Str. 3–5, 28816 Stuhr

Veco AG, Waldegg, CH-8810 Horgen

Flüssigrauch

Bayha Strackbein GmbH, Postfach 1260, 59702 Arnsberg, www.bastra.de

Räucherhaken

AGK Kronawitter GmbH, Industriegelände 1, 94522 Wallersdorf

Feldmann, Bernhard, Willscheidweg 4 , 54413 Finnentrop, www.raeucheroefen.de

Grassl, Hans, GmbH, Waldhauser Str. 8, 83471 Schönau am Königssee, www.hans-grassl.de

RePa Sport und Freizeit GmbH, Strandbad-str. 12, 88090 Immenstaad am Bodensee

Filetiermaschinen, Grätenschneider

AGK Kronawitter GmbH, Industriegelände 1, 94522 Wallersdorf

Klein, Kohlenplatte 13, 91604 Flachslanden

Sachregister